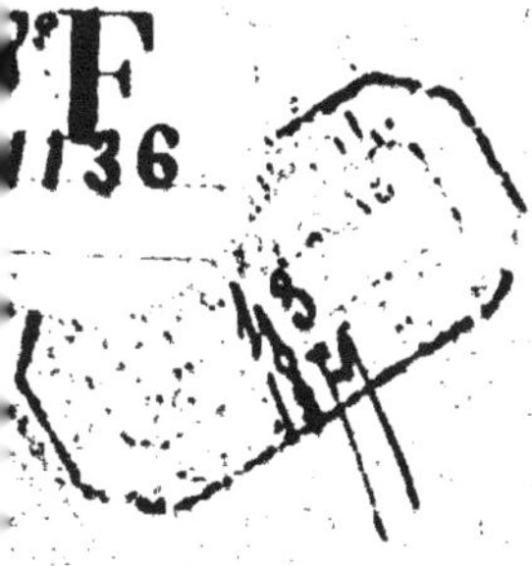

THÈSE

POUR LE

DOCTORAT

THÈSE POUR LE DOCTORAT

UNIVERSITÉ DE FRANCE. — ACADÉMIE DE RENNES

FACULTÉ DE DROIT

THÈSE POUR LE DOCTORAT

DROIT ROMAIN

De la Venditio bonorum

DROIT FRANÇAIS

De la Déconfiture pendant la vie du débiteur

Cette Thèse sera soutenue le lundi 28 avril 1879

A DEUX HEURES ET DEMIE

Par M. ALLAIN (ERNEST-MARIE)

Avocat près la Cour d'appel

EXAMINATEURS

MM. BODIN, doyen; ÉON, DE CAQUERAY, WORMS, professeurs;
RIPERT et JARNO, agrégés

RENNES

CH. OBERTHUR ET FILS, IMPRIMEURS DE L'ACADÉMIE

1879

A MON PÈRE & A MA MÈRE

INTRODUCTION

La *déconfiture* (1) suppose l'insolvabilité, c'est-à-dire une relation entre les deux éléments d'un patrimoine, l'infériorité de l'actif sur le passif.

Il faut donc se garder de la confondre avec l'*indigence*, situation voisine, qui est caractérisée par le défaut d'actif, abstraction faite du passif.

C'est ce même caractère qui distingue la déconfiture de la *faillite*. La faillite ne suppose pas nécessairement l'insolvabilité; elle résulte d'un simple fait, de la cessation des payements d'un commerçant, quel que soit d'ailleurs son actif, et quelle que soit la cause à laquelle doive être attribuée la suspension de ses payements.

Tant que l'équilibre se maintient entre les deux éléments du patrimoine, tant que le débiteur est solvable, l'autorité publique n'intervient que pour vaincre son mauvais vouloir, soit indirectement par des mesures de contrainte, soit direc-

(1) Le mot *déconfiture* vient probablement du latin *conficere* qui s'emploie dans le sens de *ruiner*, *achever*. On le fait aussi venir du mot *decoquere* que l'on trouve quelquefois employé dans la langue juridique dans le sens de déconfiture.

tement au moyen des voies d'exécution. Mais lorsque le montant de ses dettes dépassant la valeur de ses biens le met dans l'impossibilité de remplir ses engagements, un double conflit s'élève, dont la réglementation s'impose à toute législation.

La conséquence directe de l'insolvabilité est, en effet, de mettre aux prises des créanciers qui veulent être payés, avec un débiteur qui ne peut payer. Quels seront les droits des créanciers à l'égard de l'insolvable? Quels seront leurs droits dans leurs rapports respectifs?

Il est un principe qui domine cette matière, principe tellement naturel et évident qu'on le trouve consacré dans toutes les législations et à toutes les époques : c'est celui qui affecte l'actif à la garantie du passif. Mais la portée et le mode d'application de ce principe ont subi de nombreuses variations. Le droit, dans son développement historique, a passé par deux phases. A l'origine, l'exécution porte sur la personne; plus tard, la législation s'humanisant, l'exécution se restreint aux biens. Ce mode d'exécution sur la personne qui, dans l'état actuel de nos mœurs, serait inintelligible, se comprenait, grâce à l'institution de l'esclavage qui transformait la personne en un objet de propriété. Aussi rien ne dut paraître plus naturel que d'admettre ce mode d'exécution qui permettait au créancier, à défaut de payement, de s'approprier le travail et les services de son débiteur, et même de le vendre pour se payer sur le prix.

Ce n'est pas assez de déterminer l'étendue des droits du créancier contre le débiteur. L'insolvabilité suppose presque toujours un concours de créanciers : de là un nouveau conflit d'intérêts que la loi doit régler. Sur qui retombera le poids de l'insolvabilité du débiteur commun? Quelle sera la règle du concours? Le principe dont toute législation doit s'inspirer, c'est l'égalité entre les créanciers; sans doute cette égalité ne saurait être absolue: il peut exister au profit de certains créanciers des causes légitimes de préférence que la loi doit respecter; mais en dehors de ces causes, l'égalité la plus scrupuleuse doit régner entre eux. Tous ont, en effet, un droit de même nature, un droit de créance.

Nous allons examiner successivement la solution de ces divers problèmes dans la législation romaine, dans notre ancien droit et dans la législation actuelle.

PREMIÈRE PARTIE

DROIT ROMAIN

DE LA VENDITIO BONORUM

L'envoi en possession et la vente en masse des biens du débiteur, institutions prétoriennes, ont été assez tardivement introduits dans la législation romaine. Avant d'en aborder l'étude, il nous semble indispensable d'examiner rapidement les moyens d'exécution fournis par le droit civil, qui nous offriront au moins le germe du système qui se développera plus tard.

L'exécution sur les biens du débiteur n'occupe qu'une place secondaire dans l'ancien droit romain : elle est entièrement effacée par l'exécution sur la personne qui joue un rôle important dans l'histoire politique de Rome; nulle part, en effet, la condition des débiteurs n'apparaît aussi désastreuse, et les rigueurs des créanciers sont, avec les lois agraires, la cause principale des séditions qui ont agité Rome dans les premiers temps de la République.

Pour comprendre cette matière, il faut avant tout distinguer les *nexi* des *addicti*, c'est-à-dire la contrainte personnelle conventionnelle, et la contrainte résultant d'un jugement.

Le *nexum* est un contrat fait dans une forme solennelle, par lequel le débiteur engage sa propre personne pour la sûreté de l'obligation. Le but de ce contrat était de permettre au créancier, à défaut de payement à l'échéance, de s'emparer du débiteur, de le retenir en prison et de le réduire à une sorte d'esclavage. D'après M. Giraud, le *nexum* n'entraînait pas la vente de la personne : le débiteur engageait seulement son travail pour l'acquittement de la dette. C'est, en effet, ce qui semble résulter d'un passage de Varron, qui définit ainsi le *nexus : Liber qui suas operas in servitutem pro pecunia quam debet, dat, dum solveret.*

Les abus déplorables auxquels donna lieu cette institution provoquèrent sa suppression. La loi Pætilia, qu'on place généralement vers l'an 425 de Rome, fit droit aux réclamations du peuple, et par l'abolition du *nexum*, devint, dit Tite-Live, comme le point de départ d'une nouvelle ère de liberté *(velut aliud initium libertatis).*

Indépendamment de toute convention formelle à cet égard, la contrainte personnelle résultait d'un jugement qui attribuait au créancier la personne du débiteur : c'était l'*addictio.*

A partir du jour où le débiteur avait été condamné à payer, il avait trente jours pour s'acquitter. Après ce délai et faute de payement, il y avait lieu à la procédure de la *manus injectio.* Le créancier amenait de nouveau son débiteur devant le magistrat qui prononçait l'*addictio.* Le débiteur *addictus* était livré à son créancier qui pouvait l'emmener chez lui, l'employer aux plus rudes travaux et le charger de fers. Cependant, l'*addictus* restait libre en droit : son sort était en suspens, et il ne s'opérait en sa personne aucune *deminutio capitis*. Cette détention du débiteur dans la maison du créancier durait soixante jours, pendant lesquels ce dernier le conduisait, à trois jours de marché, devant le préteur, et proclamait la somme qui lui était due, afin de permettre aux amis du débiteur de le délivrer en payant sa dette. Si au bout de ce délai aucun résultat n'était obtenu, la loi permettait au créancier de vendre son débiteur à l'étranger, et même une disposition barbare de la loi des XII Tables, qu'on a vainement cherché à entendre dans un sens figuré, permettait aux créanciers, s'ils étaient plusieurs, de se partager son corps.

La loi Pœtilia, en supprimant le *nexum,* laissa subsister l'*addictio;* mais elle adoucit la situation des débiteurs, et défendit aux créanciers de les charger de chaînes ou d'entraves, *ne in compedibus aut in nervo tenerentur.* De plus, elle permit aux débiteurs d'éviter la contrainte personnelle, en affirmant sous serment qu'ils donnaient à leurs créanciers tout ce qu'ils possédaient : *Et omnes qui bonam copiam jurarent, ne essent nexi sed soluti* (1).

Remarquons d'ailleurs, en passant, qu'à toutes les époques de la législation romaine, et même sous les Empereurs, il y eut une voie d'exécution sur la personne du débiteur, non pas dans les mêmes formes et avec les effets rigoureux de l'*addictio,* mais comme moyen de contrainte.

— Il existait cependant dans l'ancien droit romain une voie d'exécution sur les biens : c'était la *pignoris capio.* Elle consistait dans la prise de possession d'un objet effectuée par le créancier lui-même, sans intervention du magistrat, *extra jus,* sans même que la présence du débiteur fût né-

(1) Varron, III, 105.

cessaire, et cela contrairement au caractère des actions de la loi, dont les rites solennels s'accomplissaient devant le préteur, en présence de l'adversaire. Le seul trait commun qui la rattachât aux actions de la loi, consistait en ce que des paroles solennelles *(certa verba)* devaient accompagner la prise de possession. — Mais cette voie d'exécution ne garantissait que des créances d'une nature spéciale, se rattachant au droit public ou religieux. — On croit généralement que la *pignoris capio* fut abolie par la loi Julia vers l'an 728.

A côté de la *pignoris capio*, existait, dès une époque très-reculée du droit romain, la *sectio bonorum*. C'était la vente en masse et aux enchères publiques des biens d'un individu opérée par l'État, par le ministère des questeurs du Trésor. Elle avait lieu à la suite d'un *judicium publicum*, à l'égard des personnes dont les biens avaient été confisqués, ou qui refusaient d'acquitter les amendes auxquelles elles avaient été condamnées. Les guerres civiles, qui ensanglantèrent la fin de la République, donnèrent lieu à de fréquentes applications de cette mesure : on vendait les biens des proscrits et de ceux qui avaient été tués dans les rangs ennemis. — Cette vente en masse paraît s'être également appliquée aux successions déférées au fisc.

Les *sectores*, c'est-à-dire les acheteurs, devenaient les successeurs de ceux dont les biens avaient été vendus : leur situation était donc celle d'un *heres*.

La vente se faisait moyennant un certain prix que l'acheteur payait au Trésor.

La *sectio bonorum* était un mode de transmission de propriété du droit civil : elle faisait acquérir la propriété *ex jure Quiritium*.

On a beaucoup discuté la question de savoir si, en dehors de ces deux cas, l'exécution pouvait porter sur les biens du débiteur. Il est remarquable, en effet, que tandis que ce qui se rattache à la contrainte personnelle joue un rôle assez important dans les documents qui nous sont parvenus, il n'est guère question de ce qui concerne les poursuites à exercer sur le patrimoine. Cependant, je crois que même dans les premiers temps de Rome, il était possible aux créanciers de saisir les biens des débiteurs. Outre ce qu'il y aurait d'invraisemblable à ce que la pensée si simple et si naturelle en apparence, de faire servir les biens du débiteur de gage à ses créanciers, fût restée pendant plusieurs siècles étrangère à la législation romaine, on trouve dans les historiens des traces peu équivoques de ce genre d'exécution. C'est ainsi que dès le temps des Rois, Denys d'Halicarnasse nous montre Servius Tullius, dans un discours qu'il adresse au peuple avant son élévation au trône, lui promettre d'obliger les prêteurs à se contenter des biens de leur débiteur et à respecter leur personne. Plus tard nous voyons le consul Servilius, pour entraîner le peuple contre les Volsques, annoncer qu'à l'égard de ceux qui le suivront, les créanciers ne pourront, en vertu d'aucun contrat, s'emparer de leurs biens et les vendre (1). Enfin, Tite-Live fait dire au centurion qu'il nous montre s'échappant de la prison où le retient son créancier, et excitant le peuple à la sédition par le récit de ses maux : *Se... æs alienum fecisse; id cumulatum usuris; primo se agro paterno avitoque exuisse, deinde fortunis aliis; velut tabem pervenisse ad corpus, ductum se a creditore* (2). — Je crois donc que l'on peut conclure de ces passages que l'exécution sur les biens existait dans une certaine mesure. Quant aux formes et à la portée exacte de cette exécution, on ne peut faire que des conjectures.

(1) Tite-Live, II, 24.
(2) Id., II, 23.

C'est dans l'institution de la *sectio bonorum* que le préteur a puisé l'idée de la *bonorum venditio*, qui n'est que l'extension dans le droit privé et au profit des particuliers, de ce qui existait dans l'ancien droit, au profit du fisc seul. Si ces deux institutions présentent quelques différences dans leurs effets, si l'une ne confère que l'*in bonis*, tandis que l'autre procure le *dominium ex jure Quiritium*, cela tient uniquement à leur diversité d'origine.

Mais en même temps le préteur s'est inspiré de la *manus injectio*, dont il a emprunté les formes et les délais : la *venditio bonorum* est, pour ainsi dire, une *manus injectio* sur l'ensemble du patrimoine : « La personnalité juridique, c'est-à-dire l'ensemble de tous les droits actifs et passifs qu'avait le débiteur, a pris la place de la personnalité physique : on applique à l'une ce qui dans l'action de la loi s'appliquait à l'autre. » (Ortolan.)

Ce mode d'exécution présente deux phases bien tranchées : l'envoi en possession et la vente. J'étudierai successivement ces deux phases de la procédure.

SECTION I.

ENVOI EN POSSESSION.

La *missio in possessionem rei servandæ causa* ne constituait pas un mode d'exécution proprement dit, présentant pour le créancier un caractère définitif. Elle n'était, suivant les cas, qu'une mesure conservatoire, comme son nom l'indique, et un moyen de contrainte indirect pour le débiteur, en même temps qu'un préliminaire indispensable de la *venditio bonorum*, dans les cas où elle devait avoir lieu.

Nous aurons à rechercher successivement :

1° Dans quels cas a lieu l'envoi en possession;
2° Comment il s'obtient;
3° Qui peut le demander, et à qui il profite;
4° Sur quels biens il porte;
5° Quels effets il produit.

§ 1. — *Dans quels cas a lieu l'envoi en possession.*

Les diverses causes d'envoi en possession peuvent se ramener à deux idées : exécution d'une décision judiciaire, et défaut de défenses suffisantes.

La première idée comprend les cas où il est intervenu soit une *sentence,* soit une *confessio in jure,* assimilée quant à ses effets à une sentence, soit une *cession de biens,* qui suppose nécessairement une sentence ou un aveu de la dette, et qui n'est qu'un moyen offert au débiteur pour éviter l'exécution sur la personne.

Dans la seconde idée rentrent l'*absence* du débiteur, quel qu'en soit le motif, son *refus de se défendre,* son *incapacité,* la *capitis deminutio* qu'il a subie, l'acceptation de sa succession par un *héritier suspect.*

1° L'envoi en possession pouvait être appliqué à l'exécution forcée d'une sentence, lorsque le débiteur n'avait pas exécuté la condamnation dans les délais qui lui étaient prescrits.

La loi des XII Tables fixait ce délai à trente jours : « *Æris confessi, rebusque jure judicatis, triginta dies justi sunto.* » Ce délai s'est conservé pendant toute l'époque classique du droit romain.

Sous le Bas-Empire, il fut porté à deux mois (1).

Justinien fixa le délai accordé pour l'exécution à quatre mois, à partir du jour de la sentence ou de celui de la *confessio in jure*, et étendit le même bénéfice aux fidéjusseurs qui, jusque-là, ne jouissaient pas des délais accordés au débiteur principal (2).

Tels étaient les délais de droit commun; mais ils pouvaient être étendus ou restreints, suivant les circonstances, par le magistrat, qui devait se décider d'après la nature et l'importance de l'affaire, la qualité et la position des parties.

2° La cession de biens est l'abandon que le débiteur fait de ses biens aux créanciers dans le but de se soustraire aux rigueurs de la contrainte personnelle. Elle a été introduite par une loi Julia, ainsi que l'atteste la rubrique même du titre, au Code théodosien : *Qui bonis ex lege Julia cedere possunt.* Quant à l'origine de cette loi Julia, on ne sait s'il faut l'attribuer à César ou à Auguste.

Loin de rendre les créanciers propriétaires des biens cédés, la cession n'avait pas même pour effet de les dispenser de demander au magistrat l'envoi en possession. C'est du moins ce qui semble résulter du § 78, C. III, de Gaius, qui assimile le débiteur condamné et le débiteur faisant cession, sur ce point que la cession comme la sentence permet d'arriver à l'envoi en possession et à la vente, et cela sans faire de distinction au point de vue du mode de procéder.

Le principal effet de la cession de biens, celui en vue duquel elle avait été spécialement introduite, était de forcer les créanciers à se contenter de l'exécution sur les biens.

De plus, elle avait pour effet d'épargner au débiteur l'infamie qui résultait ordinairement de la vente en masse du

(1) Const., 1, C. théod., *de Usuris Rei judic.*
(2) Const., 3, § 1, *eodem.*

patrimoine. Cependant, la novelle 135 paraît indiquer que la cession de biens entraînait un certain déshonneur pour le débiteur qui y avait recours. Le but de cette novelle est, en effet, de soustraire à l'humiliation de la cession de biens certains débiteurs malheureux, et elle leur permet d'arriver au même résultat sans faire une cession proprement dite, en affirmant sous serment qu'ils n'ont pas de quoi satisfaire à leurs engagements, et en laissant les créanciers exercer tous leurs droits. La novelle 4, ch. III, confirme cette idée d'une certaine humiliation attachée à la cession de biens.

La cession de biens ne libérait pas le débiteur; mais elle lui procurait l'avantage de pouvoir opposer l'exception *nisi bonis cesserit* quand il n'avait pas acquis de nouveaux biens, et s'il en avait acquis, de n'être condamné que *in id quod facere poterat* (1).

C'est une des questions les plus controversées en cette matière que celle de savoir si la cession de biens était ouverte à tous les débiteurs, ou si l'on n'y admettait que les débiteurs malheureux et de bonne foi. On admet généralement cette dernière doctrine, en se fondant sur plusieurs textes qui constatent formellement la persistance de l'exécution sur la personne depuis l'introduction de la cession de biens. Sans entrer ici dans l'examen approfondi de cette question, il importe de remarquer qu'on ne trouve dans les textes relatifs à la cession de biens aucune trace de cette restriction, et je crois qu'il est impossible de fonder une disposition si importante sur de simples inductions. D'ailleurs, la persistance de l'exécution personnelle se comprend facilement, indépendamment de cette restriction. La cession de biens restera, en effet, forcément inapplicable à toute

(1) L. 4 et 6, *de Cess. Bon.*, D., 42, 3.

une classe de débiteurs, c'est-à-dire à ceux qui n'ont pas de biens.

3° On sait qu'à Rome, pour que l'instance s'engageât, la présence du débiteur était nécessaire. La procédure par défaut y était inconnue, et c'est pour y suppléer qu'on accordait au demandeur l'envoi en possession des biens du débiteur absent. Il n'y avait même pas à distinguer quant à l'envoi en possession, entre le cas où le débiteur se cachait frauduleusement pour se soustraire aux poursuites de ses créanciers *(qui latitat fraudationis causa)*, et celui où, sans avoir cette intention, il était simplement absent et n'était pas défendu *(absens non defenditur)*. Cette distinction ne présentait d'intérêt qu'en ce qui concerne la possibilité de procéder à la vente.

On assimilait à l'absent celui qui refusait de se défendre devant le magistrat, ainsi que le débiteur qui se trouvait incapable de se défendre, par exemple, le pupille qui n'avait pas de tuteur.

4° Quand la succession du débiteur est acceptée, la personne juridique du défunt est ainsi continuée, et les actions du créancier s'exercent contre l'héritier : dans ce cas, rien n'est changé dans sa situation par la mort du débiteur. Mais si personne ne recueille sa succession, les créanciers seront envoyés en possession de ses biens.

Il n'était même pas nécessaire, pour donner lieu à l'envoi en possession des biens d'une succession, que la déshérence fût certaine : il suffisait d'une incertitude trop prolongée sur le point de savoir si la succession serait ou non acceptée. Le magistrat pouvait même accorder l'envoi en possession pendant les délais pour délibérer.

Enfin, l'envoi en possession pouvait avoir lieu même après l'acceptation de la succession, lorsque l'héritier était suspect et refusait d'obéir à l'ordre du préteur qui lui avait ordonné de fournir une caution aux créanciers.

5° Une dernière cause d'envoi en possession résultait de la *capitis deminutio* opérée par changement de famille. Cette *capitis deminutio* produisait cet effet remarquable qu'en éteignant la personnalité juridique de celui qui la subissait, elle éteignait du même coup ses obligations. Mais le préteur vint corriger cette iniquité en donnant aux créanciers la *restitutio in integrum*, c'est-à-dire en considérant cette *capitis deminutio* comme non avenue. Il en résultait que si celui sous la puissance duquel avait passé le débiteur ne venait pas défendre à l'action intentée contre ce dernier, les créanciers obtenaient l'envoi en possession de tous les biens qui, sans la *capitis deminutio*, auraient appartenu à leur débiteur.

§ 2. — *Comment s'obtient l'envoi en possession.*

Le droit romain ne connaissait rien d'analogue à nos titres exécutoires : il fallait nécessairement que le créancier, pour arriver à une exécution forcée, obtînt une décision judiciaire, ou que le débiteur amené devant le magistrat reconnût sa dette. L'aveu équivalait à une sentence.

Toutefois, nous venons de voir que pour suppléer à la procédure par défaut, on recourait à l'envoi en possession des biens du débiteur défaillant ; or, il ne peut y avoir en ce cas ni sentence ni aveu : l'envoi aura lieu sur l'ordre du magistrat qui statuera après avoir entendu une seule des parties.

Aussi s'est-on demandé si le magistrat pouvait accorder cet envoi *de plano*, sans examen préalable du fond de l'affaire, ou bien s'il ne l'accordait que *cognita causa*. Il semble qu'il y a à faire une distinction : dans le cas où l'on allègue que le débiteur se soustrait aux poursuites, *latitat*, le magistrat doit examiner l'affaire, sans doute à cause de la gravité des conséquences qui devaient résulter de l'envoi en possession, que la vente devait suivre de près (1).

Les textes ne nous disent rien à ce sujet en ce qui concerne l'absence, mais on peut croire que la simple constatation du défaut suffisait. C'est ce qui nous paraît résulter de la loi 1, § 5, d'Ulpien, *Ne vis fiat*, qui suppose l'envoi pratiqué *ob falsum debitum, vel ob falsam petitionem*, ce qui semblerait faire croire que la démonstration du droit du demandeur n'était pas exigée. A l'égard des incapables *indefensi*, ont peut affirmer que la *cognitio causæ* était nécessaire. Sous Justinien, l'examen préalable du droit du demandeur paraît avoir été exigé dans tous les cas (2).

Lorsque l'envoi en possession avait lieu à la suite d'une sentence du juge, cette sentence ne constituait qu'un titre pour arriver à l'exécution forcée : le créancier ne pouvait y procéder de sa propre autorité; le magistrat seul pouvait donner la force exécutoire à cette sentence, il fallait donc revenir devant le magistrat. A toutes les époques du droit romain, et même à l'époque où était en vigueur le système formulaire, l'exécution s'est toujours faite *extra ordinem*, c'est-à-dire en vertu du pouvoir du magistrat, et non au moyen de la nomination d'un juge. Ce pouvoir d'exécution découlait, en effet, de l'*imperium*, qui ne se séparait guère de la *jurisdictio*.

(1) Const., 9, *de Bon. auct. jud.*, de Dioclétien et Maximin.
(2) Nov. 53, ch. IV, § 1.

§ 3. — *Qui peut demander l'envoi en possession et à qui il profite.*

Tout créancier dont le droit est fondé peut demander l'envoi en possession, et cet envoi profite à toute la masse sans qu'il soit besoin que tous les créanciers se concertent pour le demander : « *Cum creditores rei servandæ causa mittuntur in possessionem, is qui possidet, non sibi, sed omnibus possidet* (1). » Le décret du magistrat qui envoie les créanciers en possession des biens du débiteur produit donc un effet général.

Les créanciers à terme ou sous condition pouvaient-ils demander l'envoi en possession, ou du moins profiter de l'envoi obtenu par d'autres ?

Sur ce point, les textes sont en désaccord. Ulpien semble leur refuser ce droit : « *Si in diem vel sub conditione debitor latitet, antequam dies vel conditio veniat, non possunt bona ejus venire* (2). »

Dans un passage de ses *Questions*, Paul partage la même opinion : « *Creditor autem conditionalis in possessionem non mittitur, quia is mittitur qui potest bona ex edicto vendere* (3). » Mais dans son ouvrage *sur l'Édit*, ce jurisconsulte semble se contredire lui-même, en accordant à ces créanciers le droit d'être envoyés en possession : « *In possessionem mitti solet creditor, etsi sub conditione pecunia ei promissa sit* (4). »

(1) Ulp., L. 5, § 2 : *Ut in poss. leg.*
(2) L. 7, § 14, *eodem.*
(3) *Quæst.*, L. 14, § 2.
(4) L. 6, *ad Edict.* : *Quib. ex caus. in poss.*

On a proposé plusieurs conciliations de ces diverses lois. D'après Cujas, dont l'opinion est suivie par Pothier, les créanciers à terme ou conditionnels pourront obtenir l'envoi en possession, mais sans que cet envoi produise d'effet. Doneau propose une distinction sur ce point : ils ne pourront obtenir eux-mêmes l'envoi en possession, mais ils pourront en profiter s'il est obtenu par d'autres créanciers purs et simples. Nous croyons devoir nous rallier à cette dernière opinion. Cette idée d'une *missio sine effectu* adoptée par Cujas ne satisfait pas l'esprit. Quel intérêt aurait le créancier conditionnel à demander un envoi en possession qui ne lui serait d'aucune utilité?

§ 4. — *Sur quels biens porte l'envoi en possession.*

L'envoi en possession ne portait pas sur tels ou tels biens séparément, mais sur l'ensemble du patrimoine : *Bonorum possessio spectatur non in aliqua parte, sed in universis quæ teneri ac possideri possunt* (1).

Il y avait cependant certaines choses qui, par leur nature, restaient en dehors de l'envoi en possession et de la vente : tels étaient la concubine du débiteur, ses enfants naturels, les statues élevées en son honneur dans les lieux publics (2).

Dans le système formulaire, la nature de l'action n'avait aucune influence sur l'étendue de l'envoi en possession obtenu en exécution d'une sentence. Toute action même réelle aboutissant, en effet, à une condamnation pécuniaire, il n'y avait pas de raison pour faire porter l'envoi en possession sur une partie du patrimoine plutôt que sur une autre : aussi était-il accordé sur l'ensemble des biens.

(1) Cicéron, *pro Quintio*, 29.
(2) L. 38 et 29, *de Reb. auct. jud.*

Mais, lorsque le débiteur faisait défaut, comme il n'intervenait pas de condamnation pécuniaire, la question s'élève de savoir s'il fallait dans l'action en revendication, envoyer les créanciers en possession de l'ensemble du patrimoine ou seulement de la chose litigieuse. D'après Ulpien, il fallait distinguer suivant que le débiteur s'était caché pour se soustraire aux poursuites de ses créanciers, ou suivant qu'il était simplement absent. Dans le premier cas, l'envoi en possession s'étendait à tous les biens; mais dans le second, il ne comprenait que la chose réclamée.

Lorsque la chose réclamée consistait, non plus dans un objet spécial déterminé, mais dans une hérédité, comme cette hérédité constitue une masse dont la nature convient au caractère de la *venditio*, l'envoi en possession se limitait aux biens héréditaires, quelle que fût, d'ailleurs, la cause de l'absence du possesseur de l'hérédité. Il n'en était autrement, et l'envoi en possession ne portait sur le patrimoine personnel du possesseur, que si ce dernier avait cessé par dol de posséder l'hérédité (1).

Sous le système extraordinaire, la portée générale de l'envoi en possession paraît s'être restreinte. En effet, la novelle 53 (ch. IV, § 1) décide, au cas d'un débiteur qui se soustrait aux poursuites de ses créanciers, que l'envoi aura lieu seulement dans la mesure de la dette prétendue : *Judex... in possessionem mittat actorem rerum ejus secundum mensuram declarati debiti*. Cependant, d'après Cujas, cette restriction ne serait relative qu'à la vente et non à l'envoi en possession; mais il me paraît difficile d'admettre cette opinion en présence des termes de cette disposition, et je ne vois aucune raison d'en modifier le sens

(1) L. 7, §§ 18 et 19 : *Quib. ex caus. in poss.*

naturel pour en limiter l'application à la vente. Du reste, le motif qui faisait envoyer en possession de tout le patrimoine n'existait plus sous Justinien, la vente ne se faisait pas en masse.

§ 5. — *Effets de l'envoi en possession.*

Nous aurons à traiter cette question à un double point de vue : par rapport aux créanciers et par rapport au débiteur.

I. — *Effets à l'égard des créanciers.* — L'effet de l'envoi en possession n'était pas de rendre les créanciers propriétaires, ni même de leur conférer la possession proprement dite pouvant conduire à l'usucapion; ils n'avaient même pas la possession prétorienne *ad interdicta*. Établi dans un but conservatoire, comme l'indique son nom, *rei servandæ causa*, il se bornait à donner aux créanciers la détention qui leur permettait de veiller à l'intégrité de leur gage.

Cette détention des créanciers était protégée par un interdit particulier dont le nom indique la portée : *Ne vis fiat ei qui in possessionem missus erit*. En voici le texte, qui nous est rapporté par Ulpien : « *Si quis dolo malo fecerit quominus quis permissu meo, ejusve cujus ea jurisdictio fuit, in possessionem bonorum sit, in eum in factum judicium, quanti ea res fuit, ob quam possessionem missus erit, dabo* (1). » Cet interdit s'appliquait d'une manière générale à tous les cas d'envoi en possession; il n'était pas spécial au cas qui nous occupe. Il était donné contre toute personne qui, de mauvaise foi,

(1) L. 1, *pr.*, D., 43, 4.

empêchait le créancier de prendre possession, ou le rejetait d'une possession dans laquelle il était déjà entré en vertu du décret du préteur. Le montant de la condamnation à laquelle donnait lieu l'action née de cet interdit se mesurait sur l'intérêt que pouvaient avoir les créanciers à l'envoi en possession, *quanti ea res fuit*. Il en résulte que si leur créance n'existait pas, ou si elle pouvait être paralysée par une exception, l'intérêt manquant chez eux, ils ne pouvaient rien obtenir. Cette action était donc *rei persecutoria* à l'égard du demandeur; mais, à l'égard du défendeur, elle présentait un caractère pénal et elle ne durait qu'un an.

Outre l'interdit *ne vis fiat*, qui procurait aux créanciers la réparation du préjudice causé par la résistance injuste au décret d'envoi, les créanciers avaient un moyen de lever les obstacles de fait et d'arriver au bénéfice effectif de l'envoi en possession. Ils pouvaient s'adresser au magistrat qui assurait l'exécution de son ordre *manu militari*. Ce mode d'exécution forcée avait surtout lieu lorsque la résistance venait du débiteur lui-même; en ce cas, en effet, on ne comprend guère l'utilité de l'autre façon d'agir (1). Mais du caractère mixte de l'action *ne vis fiat*, il résultait que le créancier ne pouvait à la fois obtenir par l'interdit une condamnation contre l'auteur de la résistance injuste, et poursuivre le payement de sa créance par l'envoi en possession; il devait opter entre ces deux moyens.

Outre le droit de garde et de surveillance que la détention du patrimoine du débiteur leur permettait d'exercer, l'envoi en possession conférait aux créanciers l'administration de ce patrimoine.

Ce droit d'administration pouvait être exercé par les

(1) L. 3, *eod. tit.*

créanciers eux-mêmes. S'il y avait plusieurs créanciers, il était difficile que tous administrassent concurremment. De là l'usage de nommer un *curateur* pour administrer au nom de la masse (1).

Du reste, ce curateur pouvait être choisi en dehors des créanciers. Il était nommé par la majorité des créanciers, et sa nomination devait être confirmée par le préteur, sans quoi il n'eût été que le mandataire de ceux qui l'avaient nommé. La confirmation du curateur par le magistrat était même nécessaire pour lui permettre d'exercer les actions du débiteur, ce que Doneau explique en disant que les créanciers n'avaient pas qualité pour exercer eux-mêmes les actions du débiteur; qu'il fallait pour cela qu'une personne en fût chargée par l'autorité publique. — Les fonctions de curateur n'étaient pas obligatoires. Celui qui en avait été chargé pouvait les refuser, à moins que, à raison de la gravité des circonstances, l'empereur lui-même n'intervînt pour lui imposer cette charge (2).

Le curateur, une fois nommé, quel était son rôle?

Le curateur représente la personne du débiteur auquel il est, pour ainsi dire, substitué. C'est lui qui doit payer les dettes quand le défaut de payement ferait encourir une clause pénale. C'est contre lui qu'agissent les créanciers au moyen d'actions utiles (3).

Le curateur dont la nomination a été confirmée par le magistrat et qui agit dans la limite de ses pouvoirs, représente tous les créanciers, qui sont obligés par ses actes. S'il n'y avait pas eu unanimité pour sa nomination, ceux

(1) L. 15, *de Reb. auct. jud.*
(2) L. 2, § 3, *de Cur. bon. dando.*
(3) L. 2, § 1, *eodem.*

qui lui avaient donné leurs voix avaient contre lui l'action de mandat; les autres, l'action de gestion d'affaires (1).

Si, au contraire, le magistrat n'était pas intervenu dans le choix du curateur, il ne représentait que ceux qui avaient concouru à sa nomination.

— Entrons maintenant dans les détails de l'administration exercée soit par les créanciers, soit en leur nom par le curateur. Dans son plaidoyer pour Quintius, Cicéron nous rapporte le texte de l'édit qui pose le principe des pouvoirs des créanciers envoyés en possession : « *Qui ex edicto meo in possessionem venerint, eos ita videtur in possessione esse oportere : quod ibidem recte custodire poterunt, id ibidem custodiant; quod non poterunt, id auferre et abducere licebit. Dominum invitum detrudere non placet.* »

Ainsi, c'est essentiellement un droit de garde et de surveillance qui est donné aux créanciers; ils doivent éviter les déplacements d'objets, à moins de nécessité absolue, et l'envoi en possession n'autorise pas l'expulsion violente du débiteur.

Ce droit de surveillance donne aux créanciers, au moment de leur entrée en possession, le droit de vérifier les comptes du débiteur et de faire un inventaire de tous ses biens, s'ils le jugent utile.

Pendant la durée de l'envoi en possession, ils peuvent percevoir les fruits du débiteur et les vendre, ou, s'ils le préfèrent, affermer ses biens, et la location qu'ils en auront consentie sera maintenue quelque prolongée qu'en soit la durée (2). Mais ils devront respecter les ventes et baux faits

(1) L. 22, § 10, *Mandati.*
(2) L. 8, § 1, *de Reb. auct. jud.*

antérieurement et sans fraude par le débiteur, quelque préjudiciables qu'ils puissent être pour eux.

Lorsque l'administration prend fin, les créanciers ou le curateur qui en avait été chargé devra en rendre compte, soit au débiteur si l'envoi en possession vient à cesser, soit au *magister* chargé de la vente. Ils devront rendre raison non-seulement des fruits par eux recueillis, mais de tout ce qu'ils auront perçu provenant des biens du débiteur. Ces fruits et ces produits sont affectés au payement des dettes et doivent grossir le gage des envoyés. — Et non-seulement ils doivent compte de tout ce qu'ils ont perçu, mais même de ce qu'ils ont négligé de percevoir; par le fait qu'ils ont demandé l'envoi en possession, ils ont aussi bien le devoir que le droit d'administrer.

A l'inverse, les créanciers ont droit au remboursement des impenses qu'ils ont faites de bonne foi, lors même qu'il n'en serait résulté aucun profit.

Lorsque l'on aura fait la balance des divers éléments du compte, on donnera pour ou contre l'envoyé en possession, une action *in factum*. Ce ne sera pas l'action de gestion d'affaires, nous disent les textes, parce que le créancier n'a entendu faire que son affaire et non celle des autres créanciers.

3° L'envoi en possession avait, en outre, pour effet de donner aux créanciers un droit de gage général appelé *pignus prætorium* (1).

Ce droit de gage, engendré par le décret du magistrat, ne prend néanmoins naissance qu'autant qu'on est effectivement entré en possession (2).

Ce droit de gage ne modifiait pas la situation des créan-

(1) L. 26, D., *de pign. Act. vel contra*, 8, 7.
(2) L. 26, § 1, *eod. tit.*

ciers dans leurs rapports respectifs, et ne conférait aucun droit de préférence à celui qui avait le premier demandé l'envoi en possession, à l'égard des autres créanciers; le décret d'envoi, nous l'avons vu, profite en effet à toute la masse.

Mais on croit généralement que ce gage constituait au profit des créanciers actuels un droit de préférence à l'encontre des créanciers qui pouvaient survenir postérieurement, dans l'intervalle entre la prise de possession et la vente; toutefois ce n'est là qu'une conjecture.

Ce *pignus prætorium* donnait-il un droit de suite? Justinien nous apprend que la question était controversée dans l'ancien droit, et la tranche dans un sens favorable aux créanciers; il leur permet de recouvrer la possession qu'ils auraient perdue fût-ce même par leur faute (1).

II. — *Effets à l'égard du débiteur.* — A l'égard du débiteur, le principal effet de l'envoi en possession est de le dessaisir, de lui enlever l'administration et la jouissance de ses biens.

L'envoi en possession fixe définitivement la situation des créanciers dans leurs rapports entre eux : le débiteur ne peut plus y porter atteinte; il ne peut améliorer ni détériorer la condition des uns au profit ou au détriment des droits des autres.

Ainsi, si les biens du débiteur sont insuffisants pour payer la totalité de ses dettes, l'envoi en possession réduit le droit de chacun des créanciers à un simple dividende, et si postérieurement au décret d'envoi l'un d'eux avait reçu le payement de sa créance, il ne pourra retenir ce qu'il a touché que dans la mesure du dividende afférent à sa

(1) Const., 2, *de præt. Pign.*, 8, 22.

créance : *Non enim debuit*, dit Ulpien, *præripere cæteris post bona possessa, cum jam par conditio omnium creditorum facta esset* (1).

Au reste, à la différence du dessaisissement produit dans notre législation par la faillite, l'envoi en possession n'avait pas pour effet d'annuler de plein droit les actes faits postérieurement par le débiteur : les créanciers devaient, pour les attaquer, recourir à l'action paulienne.

Ainsi, le dessaisissement avait pour effet de rendre possible l'exercice de l'action paulienne dans des cas où elle ne l'eût pas été d'après le droit commun.

Cet effet du dessaisissement n'était pas spécial au payement : il s'appliquait encore à la constitution d'un gage, d'une hypothèque par le débiteur au profit d'un des créanciers compris dans l'envoi, à tous les actes en un mot qui avaient pour effet de rompre l'égalité entre les créanciers.

Faut-il généraliser ce principe et l'appliquer aux actes passés avec les tiers? Sera-t-il nécessaire pour attaquer ces actes, d'établir la fraude, ou bien leur validité sera-t-elle subordonnée, comme dans notre droit, au cas de faillite, à une simple question de date? En un mot, le dessaisissement est-il opposable aux tiers comme il l'est à l'égard des créanciers? Bien qu'il n'existe aucun texte sur cette question, nous admettrions volontiers cette opinion, qui expliquerait la formalité de la *proscriptio*, c'est-à-dire de l'affiche. Cette *proscriptio* n'était pas en effet seulement une mise en vente, mais encore une mesure de publicité destinée à faire connaître à tous le dessaisissement qui frappait le débiteur : car divers passages indiquent qu'elle avait lieu même à l'occasion d'un envoi en possession purement con-

(1) L. 6, § 7 : *Quæ in fraudem cred.*

servatoire, notamment quand il s'agissait d'un pupille ou d'une personne absente dans un intérêt public. Or, il serait difficile de comprendre l'utilité de cette publicité, si le dessaisissement ne valait pas contre les tiers.

Outre le dessaisissement, l'envoi en possession produisait encore quelques conséquences affectant la considération du débiteur : ainsi, il le constituait en état de suspicion, et l'obligeait à fournir la caution *judicatum solvi* dans tous les procès où il était défendeur (1). De plus, il y avait là une cause d'exclusion des fonctions municipales. Enfin, l'envoi en possession paraît avoir porté une atteinte considérable à l'*existimatio*. C'est du moins ce que l'on peut conclure du plaidoyer de Cicéron pour Quintius, où il nous dit que l'envoi en possession atteint non-seulement les biens, mais l'honneur et la réputation du débiteur (2).

SECTION II.

VENTE DES BIENS.

L'envoi en possession ne saurait être le but définitif des créanciers : ce n'est que le préliminaire des mesures au moyen desquelles on arrivera à leur donner une légitime satisfaction, c'est-à-dire de la vente des biens et du payement.

§ 1. — *Dans quels cas il y a lieu à la vente.*

L'envoi en possession était le préliminaire obligé de l'exécution sur l'ensemble des biens : il n'y avait donc pas de

(1) Gaius, IV, § 102.

(2) « *Cujus bona ex edicto possidentur, hujus omnis fama et existimatio cum bonis simul possidetur* » (ch. XV).

vente possible en dehors des cas où il y avait lieu à l'envoi en possession. Mais à l'inverse, le droit de vendre les biens du débiteur n'était pas pour les créanciers une conséquence forcée de l'envoi en possession. Quels sont donc les cas où la vente sera possible?

Il ne peut y avoir de difficulté lorsque le débiteur a été condamné, a confessé sa dette, ou a fait cession de biens. Gaius nous dit que la vente sera alors possible (1) : dans ces cas, l'envoi en possession est une formalité préparatoire de l'exécution proprement dite.

Mais l'envoi en possession ne présente pas toujours ce caractère : il peut n'être qu'un moyen de contrainte indirecte en même temps qu'une mesure conservatoire pour les créanciers. Dans ce cas, l'envoi en possession sera seul pratiqué; or, il en sera ainsi toutes les fois que cet envoi tient à ce que le débiteur n'est pas défendu. Toutefois, il fallait distinguer suivant les causes pour lesquelles le débiteur était *indefensus*.

Au cas d'envoi en possession des biens de l'adrogé, ou dans l'ancien droit, de celui qui tombait *in mancipio* ou *in manu*, les créanciers pouvaient toujours arriver à la vente (2).

Si l'envoi avait lieu par suite de l'absence du défendeur, il fallait distinguer suivant que le débiteur s'était frauduleusement soustrait à ses créanciers, ou était simplement absent. Au premier cas, les biens pouvaient être vendus : « *Qui fraudationis causa latitavit, si boni viri arbitratu non defendetur, ejus bona possideri vendique jubebo.* » (3) — Au contraire, lorsque cette intention frau-

(1) Gaius, III, § 78.
(2) Id., III, § 84.
(3) Ulp., lib. VII, § 1 : *Quib. ex caus. in poss.*

duleuse n'existait pas chez l'absent, il n'y avait pas lieu de procéder à la vente, à moins qu'il n'y eût de sa part promesse de comparaître en justice : il y avait alors un manque de parole qui aggravait la position du débiteur (1).

Quant à celui qui refusait de se défendre, il était assimilé à celui *qui latitat;* ses biens pouvaient donc être vendus.

Lorsque l'envoi a été ordonné sur les biens d'un pupille *indefensus*, il faut distinguer suivant que la dette a pris naissance en sa personne ou provient d'une succession qui lui est échue. Dans le premier cas, la vente ne pouvait avoir lieu avant sa puberté. Dans le second cas, la vente est admise, mais seulement sur les biens de la succession, et non pas pour tous ceux du pupille. Il eût, en effet, été injuste, comme le remarque Marcellus, d'obliger celui qui n'avait pas contracté avec le pupille, à attendre sa puberté (2).

Reste le cas où les créanciers sont en présence de la succession du débiteur. S'il est certain qu'il n'y a pas d'héritiers, la vente suivra nécessairement l'envoi en possession. Au cas d'incertitude sur l'acceptation de la succession, et tant que l'héritier délibère, aucun texte n'autorise la vente.

§ 2. — *Formes de la vente.*

La procédure suivie pour arriver à la vente nous est tracée par Gaius (III, §§ 79 et 80) et par Théophile (titre *de Success. sublatis*).

La vente des biens, dans les cas où il y avait lieu d'y procéder, ne pouvait suivre immédiatement l'envoi en possession : il fallait attendre un certain temps qui, d'après

(1) Ulp., lib. II, *eodem*.
(2) Id., lib. III, *eodem*.

Gaius, était de trente jours quand il s'agissait des biens d'un débiteur vivant, de quinze jours seulement si l'envoi en possession avait lieu après la mort du débiteur. Ces délais, qui pouvaient probablement être prolongés par le magistrat, étaient destinés, suivant les cas, soit à donner au débiteur le temps de venir défendre au procès, soit à lui permettre d'acquitter la condamnation qui l'avait frappé, soit enfin à permettre aux successibles de se présenter ou de fournir caution. On comprend d'ailleurs qu'on accordât un délai plus long au débiteur vivant : la loi se préoccupait de lui épargner autant que possible l'infamie et les conséquences désastreuses de la vente des biens.

A l'expiration de ces délais, les créanciers demandaient au préteur l'autorisation de choisir parmi eux un *magister* chargé de fixer les conditions de la vente, de la diriger et de la conclure. — Il y avait également lieu dans le même délai à afficher les biens *(proscriptio bonorum)*. Ces affiches se plaçaient dans les lieux les plus fréquentés : elles avaient pour but d'avertir le public de l'envoi en possession et d'attirer les acheteurs.

Peu de jours après la nomination du *magister* les créanciers s'adressaient de nouveau au préteur et obtenaient l'autorisation de rédiger et d'afficher la *lex bonorum vendendorum*, c'est-à-dire le cahier des charges destiné à faire connaître au public les conditions de la vente. Cette affiche devait contenir l'indication des biens du débiteur, la liste de ses créanciers, et sans doute aussi le montant des dettes, avec l'indication des créances privilégiées.

A partir de ce moment, un dernier sursis était accordé au débiteur qui pouvait encore faire cesser l'envoi en possession, soit par un payement, soit par l'offre d'une caution sérieuse. Ce sursis était de trente jours quand il s'agissait d'un débiteur vivant, de vingt jours seulement quand il était décédé.

Après ces formalités et ces délais, intervenait enfin la vente. On croit généralement qu'elle avait lieu aux enchères publiques, comme la *sectio bonorum* qui avait servi de modèle au préteur. Mais, tandis que dans la *sectio bonorum* le prix consistait en une somme déterminée, ici c'est sur le dividende à fournir aux créanciers que les enchères s'engagent, et c'est celui qui promet le dividende le plus élevé qui reste adjudicataire. Tel était du moins le cas le plus fréquent, car la *venditio bonorum* ne frappait guère que des insolvables. Mais il en pouvait être autrement, notamment s'il s'agissait d'un incapable non défendu ; dans ce cas, la vente devait se faire moyennant un prix fixe dont le surplus, une fois les dettes payées, revenait à l'exproprié (1).

§ 3. — *Effets de la venditio.*

Nous aurons à examiner ces effets à trois points de vue : à l'égard de l'acquéreur, à l'égard du débiteur exproprié et à l'égard des créanciers.

I. — A l'égard de l'acquéreur, le principal effet de la vente est de lui faire acquérir l'universalité du patrimoine du débiteur. Il ne devient pas sans doute héritier, parce que le droit civil seul peut faire des héritiers, mais il sera *loco heredis*. Il s'ensuit qu'il devient sans doute maître des biens du débiteur, mais il les a seulement *in bonis;* pour arriver à la propriété civile, il a besoin de l'usucapion (2). Il en résulte en outre qu'il succède aux droits et

(1) L. 7, § 11 : *Quib. ex causis.*
(2) Gaius, III, § 180.

aux obligations du débiteur, mais ce sont seulement des actions utiles qui sont données contre lui ou qui lui compètent.

Pour exercer les droits du débiteur, l'*emptor* avait deux actions spéciales, dont les formules nous sont rapportées par Gaius, au § 35 de son Commentaire III : l'*action rutilienne* et l'*action servienne.*

La première remonte à Publius Rutilius, auquel on attribue l'introduction de la *bonorum venditio.* L'*intentio* en est rédigée au nom de l'exproprié, et la *condemnatio* au profit de l'acquéreur, de manière qu'après avoir reconnu le droit du débiteur contre le défendeur, le juge doit condamner ce dernier envers l'acquéreur.

L'action servienne repose sur la fiction que l'*emptor* est l'héritier de l'exproprié, aussi le nom de l'*emptor* figure-t-il dans l'*intentio* aussi bien que dans la *condemnatio :* il agit en effet *ficto se herede.*

Ces deux actions s'appliquaient en matière réelle aussi bien qu'en matière personnelle. Il semble dès lors que leur existence dut faire double emploi avec le fonctionnement de l'action publicienne. Cependant il n'en est rien, car la publicienne ne pouvait être exercée que par celui qui avait eu la possession ne fût-ce qu'un instant, condition qui n'était pas exigée pour l'exercice des actions rutilienne et servienne.

En outre, et pour se mettre en possession des biens du débiteur, l'acquéreur avait un interdit appelé *possessorium.* Les actions servienne et rutilienne avaient, en effet, pour objet la propriété, et non la possession.

Lorsque l'acquéreur agissait contre un débiteur qui se trouvait en même temps créancier de celui dont les biens ont été vendus, il n'obtenait condamnation que déduction faite de ce qui était dû à celui qu'il poursuivait (1). Mais il ne devait évidemment subir cette compensation qu'en tenant compte de la remise qui lui avait été faite dans la vente.

II. — La *venditio bonorum* affectait à la fois la considération et les droits du débiteur :

1° *Sa considération*. — Un premier effet produit par la vente, est de frapper le débiteur d'infamie (2). Dans son plaidoyer pour Quintius, Cicéron insiste beaucoup sur les conséquences déshonorantes qui menaçaient son client ; et Gaius nous donne une idée de cet effet infamant, en disant que celui qui de mauvaise foi a fait afficher les biens d'une personne dont il se prétendait à tort créancier, s'expose à une action d'injures (3).

C'est pour épargner à la mémoire du débiteur cette infamie, que l'on autorisa les débiteurs obérés à instituer héritier nécessaire un esclave, sous le nom duquel la vente avait lieu, et sur qui retombait l'ignominie de la *venditio bonorum*. L'infamie était le prix dont il payait sa liberté.

La cession de biens permettait d'éviter l'infamie. Toutefois, nous avons vu qu'une certaine déconsidération s'attachait à la cession de biens.

2° *Ses droits*. — Le patrimoine du débiteur était vendu en bloc. Sa succession était, pour ainsi dire, ouverte de son vivant. Sa personnalité juridique est transférée sur la tête de l'acheteur, et avec elle tous les droits nés antérieurement à la vente. Il ne pouvait donc plus intenter aucune action à raison de ces droits : « *Bonis per curatorem ex senatusconsulto distractis, nullam actionem ex ante gesto fraudatori competere,* » tel est le texte d'un rescrit

(1) Gaius, IV, §§ 65, 68.
(2) Id., II, § 154.
(3) Id., III, § 220.

d'Antonin et de Verus Augustus (L. 4, D., 42, 7). Il est vrai que ce texte ne raisonne que dans l'hypothèse d'une *distractio bonorum;* mais il en devait être de même, *a fortiori,* au cas de *bonorum venditio.* D'ailleurs la loi 40, *de operis libertorum,* relative à une vente en masse, nous offre une application de ce principe au cas de vente des biens d'un patron auquel son affranchi devait des *operæ.* Si cette créance est née antérieurement à la vente, Papinien déclare qu'il ne pourra s'en prévaloir.

Mais la *bonorum venditio,* qui dépouille le débiteur de ses droits, le libère-t-elle de ses anciennes obligations? Nous ne croyons pas que cet effet fût produit par la vente qui entraînait bien l'infamie, mais non une *deminutio capitis.* C'est d'ailleurs ce que nous enseigne Gaius (II, § 155) : « *Quorum bona venierunt pro portione, si quid postea adquirant, etiam sæpius eorum bona veniri solent.* » Une deuxième *venditio* était donc possible, et cela n'est nullement contredit par la loi 25, § 7 : *Quæ in fraud. cred.,* qu'on a invoquée à l'appui de l'opinion contraire. Ce texte cite, en effet, l'avis d'un jurisconsulte qui pensait qu'après la vente aucune action n'était donnée *ex ante gesto* contre le débiteur. Mais Venuleius répond que le préteur donnera une action contre lui, si depuis la vente il a dissipé des biens qu'il avait acquis. Il la donnera plutôt pour punir le débiteur de sa mauvaise foi, que pour indemniser les créanciers du préjudice qu'ils ont subi. Or, si les créanciers peuvent se plaindre que le *fraudator* a dissipé des biens acquis depuis la vente, c'est donc que ses biens sont leur gage!

D'ailleurs, nous avons vu qu'il en était de même de la cession de biens. Le cédant obtient seulement ce bénéfice de ne pouvoir être poursuivi que s'il acquiert de nouveaux biens, et de n'être condamné que *in id quod facere potest.* Quelle raison y aurait-il de favoriser le débiteur qui n'a pas fait cession de biens et qui encourt l'infamie?

III. — Il nous reste à considérer les effets de la vente à l'égard des créanciers. Nous venons de voir les droits qu'ils conservaient contre le débiteur. Contre l'acheteur ils avaient des actions utiles pour le dividende fixé par le cahier des charges. L'exception *pacti conventi* introduite dans la formule permettait de réduire leur demande à ce dividende. Les privilégiés avaient sans doute action pour le tout.

Quant aux créanciers hypothécaires, il semble résulter du silence des textes que la vente n'avait aucune influence sur leurs droits. Ainsi, la vente n'avait pas pour effet de purger les hypothèques. De plus, si on se rappelle le caractère occulte de l'hypothèque romaine, on comprendra combien la vente en masse des biens devait être une opération aléatoire pour l'*emptor*, et devait par là même avoir souvent lieu à vil prix.

SECTION III.

COMMENT LA VENDITIO BONORUM DISPARUT. — DE LA DISTRACTIO BONORUM.

La *bonorum venditio* disparut avec le système formulaire (1), c'est-à-dire sous Dioclétien. D'autre part, Théophile rattache la disparition de la vente en masse à la cessation des *conventus*, sortes d'assises que les gouverneurs allaient tenir dans les différentes villes de leurs provinces. Au reste, il est assez difficile de se rendre compte du rapport qui existe entre la suppression de la *bonorum venditio* et celle de ces deux institutions. L'explication la plus plausible,

(1) Inst. Just., lib. III, tit. XII, *pr.*

c'est que sous le système extraordinaire, le magistrat ayant à juger lui-même, se trouva astreint à la résidence et dut cesser ses tournées : ne se trouvant plus en rapport si fréquent avec les justiciables, on dut simplifier les voies d'exécution, de manière à rendre l'intervention du magistrat moins fréquemment nécessaire.

Le système d'exécution qui supplanta la *venditio bonorum* fut la *distractio* ou la vente en détail du patrimoine. Cette substitution ne s'opéra pas brusquement : la *distractio* fut d'abord une faveur accordée aux personnes d'un rang illustre, en vue de leur épargner l'infamie qui résultait de la vente en masse (1). On ne tarda pas à s'apercevoir que cette vente en détail était moins aléatoire et plus favorable aux créanciers et au débiteur que la vente en bloc, aussi permit-on de l'étendre à des hypothèses pour lesquelles elle n'avait pas été introduite, et pendant longtemps les créanciers purent choisir entre l'un et l'autre mode d'exécution. Sous Justinien, la vente en détail était seule en usage comme moyen d'exécution sur le patrimoine d'un débiteur insolvable.

La *distractio* comme la *venditio*, supposait un envoi en possession, préliminaire obligé de la réalisation. Mais le curateur ou *magister* nommé par l'assemblée des créanciers, ne vendait les biens qu'en détail. Chacun des acheteurs n'est plus un successeur universel tenu de toutes les obligations de l'exproprié, au moins dans la mesure du dividende qu'il a promis ; c'est un successeur particulier qui se libère par la remise de son prix entre les mains du curateur. La considération du débiteur restait intacte, et l'infamie n'était plus une conséquence de son insolvabilité.

(1) L. 5, D., *de Cur. fur.*, 27, 10.

DEUXIÈME PARTIE

ANCIEN DROIT FRANÇAIS

L'invasion des Barbares dans les Gaules n'y fit pas disparaître immédiatement la législation romaine qui continua de régir les populations vaincues, à côté des lois personnelles des conquérants. Peu à peu le contact de ces deux législations finit par les altérer l'une et l'autre; une sorte de fusion s'opéra sous l'influence des glossateurs et des légistes, et c'est de cette fusion que sortit notre ancien droit que les ordonnances royales vinrent développer et régulariser.

Mais malgré l'intervention législative qui ne put d'ailleurs se produire efficacement qu'assez tard, la diversité la plus grande ne cessa d'exister sur le territoire, et cette diversité se remarquait surtout à l'égard de la matière qui nous occupe. Au principe de la personnalité des lois avait en effet succédé celui de la territorialité des Coutumes, de sorte que jusqu'à 1789, nous voyons le droit varier de province à province, et souvent même de localité à localité.

Notre intention n'est pas d'entreprendre une étude complète de l'insolvabilité dans notre ancien droit : nous nous bornerons à l'exposition de quelques notions générales qui nous semblent nécessaires pour l'intelligence de notre législation actuelle sur la déconfiture.

§ 1. — *Des différentes voies d'exécution et de contrainte.*

I. — Dans la première période de notre droit, à l'époque franque, nous rencontrons, à côté de l'exécution sur les biens, l'exécution sur la personne : au cas d'insuffisance de ses biens pour acquitter son obligation, le débiteur devenait le gage de son créancier, qui pouvait le charger de chaînes et le faire travailler à son service jusqu'à son entière libération.

Les Coutumes féodales conservèrent la rigueur des lois barbares et admirent l'exécution sur la personne. C'est ainsi que, d'après les *Assises de Jérusalem*, le débiteur qui ne payait pas à l'échéance pouvait, à défaut de biens suffisants et faute de trouver une personne qui consentît à garantir son obligation, être emmené par le créancier qui l'employait à son service, et son travail était imputé, jour par jour, sur le montant de sa dette (1).

Les *Établissements de Saint Louis* s'efforcèrent d'adoucir ces rigueurs. Ils changèrent le caractère de l'emprisonnement pour dettes en le transformant en une simple mesure de contrainte qui devait cesser devant la constatation de l'insolvabilité ; et en même temps ils en restreignirent l'usage en rétablissant la cession de biens, au moyen de laquelle le débiteur pouvait, en abandonnant tous ses biens à ses créanciers, se soustraire à la contrainte par corps.

(1) *Haute-Cour*, ch. CXCIX.

Philippe le Bel alla plus loin, et dans une ordonnance de 1303, il ne permit l'emploi de la contrainte par corps que lorsque le débiteur s'y était expressément soumis. Mais cette restriction, cette faculté laissée au débiteur de se soumettre à la contrainte, annula l'effet de ces dispositions : cette clause ne tarda pas en effet à devenir de style dans tous les contrats.

L'application de ces ordonnances défendant la contrainte personnelle fut encore restreinte par les franchises accordées à certaines corporations, et notamment par le privilége des villes d'arrêt : c'était un droit accordé aux habitants de certaines villes d'arrêter par eux-mêmes la personne et les biens de leurs débiteurs forains. — De plus, certaines foires avaient le privilége d'attacher la contrainte par corps à toutes les conventions qui y étaient passées. Enfin, dès le XVIe siècle, à la sollicitation des états d'Orléans, ce privilége fut attaché à toutes les obligations contractées *de marchand à marchand*, de sorte que la contrainte par corps, d'abord exceptionnelle, finit par devenir le droit commun en matière commerciale (1).

II. — A côté de la contrainte par corps et des voies d'exécution sur les biens du débiteur, nous rencontrons à partir de Charlemagne un autre moyen de contrainte, qui consiste à envoyer des *garnisaires* ou *mangeurs* dans la maison du débiteur, pour y vivre à ses dépens jusqu'à parfait payement. C'était un moyen de forcer indirectement le débiteur à exécuter ses engagements, par la gêne qui en résultait pour lui. Mais on ne tarda pas à s'apercevoir des inconvénients de cette pratique qui entraînait des frais inutiles pour le débiteur, et par contre-coup au détriment de

(1) Ord. d'Orléans, art. 114.

ses créanciers. Aussi défendit-on d'y recourir, au cas de déconfiture du débiteur : « *On ne doit pas les biens apetiser par gardes ne par mangants*, dit Beaumanoir, *car quant plus en va à perte, moins en va à paiement.* » — Dès le XIVe siècle, plusieurs ordonnances interdirent l'usage de ce moyen de contrainte, mais elles ne parvinrent pas à le supprimer complétement, et on en rencontre encore la pratique en Auvergne au XVe siècle.

III. — Quant aux modes d'exécution sur les biens, ils frappaient en principe les meubles et les immeubles du débiteur indistinctement. Mais on sait quelle importance l'ancien droit attachait à la propriété immobilière et avec quel soin il s'attachait à conserver les biens dans les familles. Cette tendance se traduisit dans certaines Coutumes par un respect évidemment exagéré de la propriété et par une défense d'exproprier les immeubles du débiteur sans son consentement; on pouvait seulement le contraindre par des voies indirectes (1).

Cependant, la plupart des Coutumes admettaient l'expropriation forcée des immeubles à la requête des créanciers; mais la préférence de notre ancien droit à l'égard des immeubles se manifestait par l'obligation de discuter préalablement le mobilier. Cette nécessité subsista jusqu'au XVIe siècle et ne fut supprimée que par une ordonnance de 1531. Mais la discussion du mobilier continua toujours à être exigée à l'égard des mineurs (2).

§ 2. — *Mode de payement des créanciers.*

Les mêmes divergences existaient dans l'ancien droit, en ce qui concerne le mode de payement des créanciers.

(1) *Somme rurale*, tit. LXIX.
(2) Poth., *Proc.*, 537.

Suivant la généralité des Coutumes, les saisies pratiquées sur les biens du débiteur tendaient à la vente de ces biens, et c'était sur les deniers provenant de la vente que les créanciers devaient se désintéresser.

Cependant, en ce qui concerne les meubles, nous rencontrons dans certaines Coutumes un mode d'exécution plus simple et plus expéditif, consistant à les attribuer en payement aux créanciers moyennant estimation. Il en était ainsi notamment en Bretagne, où les créanciers avaient le choix soit de faire vendre les meubles du débiteur, soit de se les faire attribuer en nature (1).

D'autres Coutumes appliquaient même cette solution à toutes sortes de biens indistinctement. C'est ainsi que Beaumanoir y voyait un moyen de diminuer les frais en cas de déconfiture.

Enfin, dans certaines localités, l'attribution des biens en nature était le seul mode d'exécution pratiqué (2).

Il est facile de voir les inconvénients de ce mode de payement qui ne peut convenir que dans une société peu avancée. Outre la difficulté d'arriver à une évaluation exacte de la chose, cette attribution ne procure pas au créancier l'objet même de son droit, mais seulement un équivalent qu'il ne pourra utiliser qu'en le vendant à perte : aussi ne pouvait-elle tarder à disparaître, et dès le XVIe siècle, l'obligation de vendre les biens est devenue générale.

§ 3. — *Effets juridiques de l'insolvabilité.*

Au cas de concours de plusieurs créanciers saisissants et opposants, les deniers produits par les saisies étaient distri-

(1) *Cout. de Bretagne*, ch. CCCII.
(2) *Cout. de Rouen et de Falaise.*

bués au prorata des créances, à moins de causes de préférence résultant, au profit de certains créanciers, de priviléges ou d'hypothèques : l'égalité était la loi du concours.

Toutefois, il était admis que le créancier, qui avait requis l'exécution, prélevait avant toute distribution le montant de sa créance (1). C'est ce que l'on appelait le *privilége du premier saisissant :* on avait voulu le récompenser de sa diligence et le dispenser de la nécessité de saisir d'autres biens pour obtenir son payement. La saisie ne s'étendait pas, en effet, à l'ensemble du patrimoine : elle se restreignait à certains biens dont le nombre et l'importance étaient déterminés par les causes de la saisie. Le saisissant eût donc été trompé dans son attente, s'il eût été obligé de partager avec des opposants postérieurs le produit des poursuites qu'il n'avait pu exercer que dans la mesure de sa créance personnelle. — Mais ce n'était pas là un véritable droit de préférence destiné à décharger le saisissant des conséquences de l'insolvabilité, et à lui assurer un payement intégral au détriment des autres créanciers : aussi ce privilége cessait-il au cas de *déconfiture,* c'est-à-dire lorsque les biens du débiteur étaient insuffisants pour assurer l'exécution de tous ses engagements. L'art. 180 de la Coutume de Paris définissait ainsi la déconfiture : « *La déconfiture est quand les biens du débiteur, tant meubles qu'immeubles, ne suffisent pas aux créanciers apparents.* » Les créanciers apparents dont parle cet article sont ceux qui ont formé opposition, ainsi qu'il ressort de ce passage des coutumes notoires du Châtelet : « Si les autres créanciers *se appèrent et opposent,* ils doivent être reçus à leur opposition. »

Cette règle de la contribution, remarque Brodeau (2), a

(1) Art. 178, *Cout. de Paris.*
(2) *Cout. de Paris,* art. 179.

sa source dans le plus ancien droit coutumier : aussi était-elle considérée comme le droit commun à toute la France, et devait s'appliquer dans tous les pays où la coutume était muette sur la déconfiture.

Elle fut rendue générale à tout le royaume, par l'ordonnance de 1629, dont l'art. 165 est ainsi conçu : « La *déconfiture* entre créanciers sur les meubles d'un débiteur insolvable sera dorénavant générale par tout notre royaume, et, audit cas, viendront tous les créanciers sur lesdits meubles, à contribution au sol la livre, sans préjudicier à ceux qui auront privilége particulier sur lesdits meubles. »

On remarquera l'acception particulièrement restreinte avec laquelle se présente la déconfiture dans la Coutume de Paris que nous venons de citer, ainsi que dans les auteurs de cette époque. Ce terme ne désigne plus cette situation générale du patrimoine, cet état de déroute caractérisé par la supériorité de la totalité des dettes sur l'ensemble de l'actif, et que Loysel définissait : « *Déconfiture est quand le débiteur fait rupture ou faillite, ou qu'il y a apparence notoire que ses biens, tant meubles qu'immeubles, ne suffiront pas au paiement de ses dettes* (1). » Désormais, les seuls créanciers dont on tiendra compte ce sont ceux qui ont le droit de venir à la contribution, c'est-à-dire les créanciers opposants. La déconfiture est devenue un incident de la procédure d'exécution, donnant ouverture à la contribution. — C'est ce qui explique la confusion d'idées que nous rencontrons dans la plupart des documents de cette époque, et notamment dans l'ordonnance de 1629 que nous venons de citer, où la déconfiture et la contribution nous apparaissent comme deux termes syno-

(1) *Inst. coutumières*, IV, 6, règle 16.

nymes, comme deux expressions différentes d'une même idée (1).

Quant à la preuve de la déconfiture, elle résultait naturellement de la procédure d'exécution dont elle n'était qu'un incident, et de la comparaison entre le prix de la vente et le montant des créances : « *Il faut*, disait Ferrière, *pour qu'il soit constant qu'un homme est déconfit et insolvable, que tous ses biens, tant meubles qu'immeubles, aient été saisis et vendus publiquement, et que le prix qui en est provenu ne soit pas suffisant pour satisfaire ses créanciers saisissants et opposants* (2). »

Ce n'est pas à dire, toutefois, que l'effet juridique de l'insolvabilité se bornât, dans notre ancien droit, à écarter le privilége du premier saisissant. Elle recevait encore d'autres applications relativement aux conventions passées avec le débiteur; mais dans ces diverses applications, l'insolvabilité ne se présente plus sous la même appellation de *déconfiture* exclusivement réservée à l'hypothèse où il s'agit de régler le concours des créanciers.

C'est ainsi que Pothier nous signale *le dérangement des affaires* du mandant comme une cause d'extinction du mandat, ou du moins comme une circonstance permettant au mandataire de se soustraire aux effets de la convention, à condition d'en donner avis au mandant : « Il est juste que le mandataire soit, en ce cas, déchargé de l'obligation d'exécuter un mandat, pour l'exécution duquel il y aurait

(1) « *Contribution qui ruralement entre les lois est appellée cas de déconfiture...,* » dit Bouteiller, en définissant à la fois ces deux termes (*Somme rurale*, I, 46). — « *On appelle déconfiture*, dit également Domat, *cet effet de l'insolvabilité du débiteur qui fait que ses biens se distribuent par contribution.* » (*Lois civ*, t. I, IV; liv. IV, sect. II.)

(2) *Dict. de Dr. prat.*, v° *Déconfiture.*

des avances d'argent à faire; car il ne s'est chargé du mandat que dans la confiance qu'il serait remboursé de ses avances. Cette confiance venant à cesser par le dérangement des affaires du mandant, il en doit être déchargé (1). »

De même l'*insolvabilité* du débiteur faisait tomber la convention de terme : « Le terme accordé par le créancier au débiteur est censé avoir pour fondement la confiance en la solvabilité; lors donc que ce fondement vient à manquer, l'effet du terme cesse (2). »

Enfin la *déroute* du principal obligé permettait à la caution d'exiger le remboursement anticipé, ou de se faire indemniser par le débiteur même avant d'avoir payé (3).

§ 4. — *Faveurs accordées au débiteur.*

1° Le débiteur malheureux et de bonne foi, poursuivi en payement de sa dette, pouvait obtenir du juge un *sursis* pour s'acquitter. L'ordonnance d'août 1669 vint régler ce pouvoir du juge, et ne lui permit d'accorder que des délais de trois mois, sans pouvoir les renouveler. Le débiteur ne pouvait introduire une instance à l'effet d'obtenir ce bénéfice, il devait le demander au cours du procès tendant à sa condamnation.

2° Dès le XIV° siècle, on voit apparaître l'usage des *lettres de répit* accordées par le prince, et au moyen desquelles le débiteur pouvait obtenir des délais variant de un à cinq ans. Ces lettres s'obtenaient en chancellerie, mais elles devaient être entérinées en justice et ne pouvaient l'être que du consentement de la majorité des créanciers.

(1) Poth., *Mand.*, n° 41.
(2) Id., *Oblig.*, n° 234.
(3) Id., *Oblig.*, n° 441.

Cependant, quant aux répits d'un an, ils pouvaient être accordés par le roi, de sa seule autorité.

L'effet des lettres de répit était de mettre obstacle aux poursuites des créanciers contre lesquels elles avaient été obtenues ; mais si la vente avait lieu à la requête des autres créanciers, ils continuaient de pouvoir pratiquer des saisies et de participer aux contributions. La concession des lettres de répit avait, en outre, pour effet d'empêcher le débiteur de payer certains créanciers au préjudice des autres, et même une ordonnance du 1699 permit aux créanciers de restreindre encore davantage sa capacité en nommant des directeurs ou syndics, chargés de l'assister dans les actes de disposition et le recouvrement des créances.

La concession des lettres de répit devint de plus en plus rare, et Rousseau de Lacombe va jusqu'à dire que de son temps on n'en accordait plus.

3° Un autre bénéfice accordé au débiteur était la cession de biens, que nous avons déjà signalée dans les *Établissements de Saint Louis*, au XIII° siècle. C'était pour le débiteur un moyen de se soustraire à la contrainte par corps en abandonnant tous ses biens aux créanciers ; mais on avait craint que ce remède ne le disposât à dissiper son patrimoine, qui devait être le gage de ses créanciers, et on chercha un frein dans les formalités humiliantes dont la cession était entourée. La cession de biens ne pouvait être faite par procureur, il fallait que le débiteur se présentât en personne : « *desceint et non festé.* » C'est à cette même idée qu'il faut rattacher l'obligation imposée au débiteur, par la plupart des Coutumes, de porter un bonnet vert tant qu'il n'avait pas désintéressé ses créanciers.

La cession de biens n'était pas en effet un mode d'extinction de la dette : c'est ainsi qu'en faisant abandon de ses biens actuels, le débiteur devait s'engager à payer intégralement ses créanciers, s'il revenait à meilleure fortune. Les biens qu'il acquérait postérieurement pouvaient être saisis par les créanciers, déduction faite toutefois de ce qui était nécessaire pour faire vivre le débiteur et sa famille. C'est le bénéfice de compétence du droit romain.

§ 5. — *Distinction entre la faillite et la déconfiture.*

Dès le XIVᵉ siècle, sous l'influence des progrès du commerce et au contact des législations étrangères, on voit les préoccupations du législateur se diriger vers les commerçants, et une tendance se manifester à organiser différemment l'insolvabilité suivant la qualité des débiteurs.

Cette législation spéciale dont nous n'avons pas à nous occuper, se restreignit d'abord à des pénalités fort sévères contre les banqueroutiers, c'est-à-dire contre les commerçants qui s'étaient mis par leur faute ou par leur dol dans l'impossibilité de remplir leurs engagements. Peu à peu elle se développa au moyen des ordonnances royales qui s'attachèrent à rendre les voies d'exécution plus rapides, et à établir des mesures protectrices pour sauvegarder le patrimoine du débiteur, seul gage de ses créanciers. Enfin, ce mouvement aboutit à l'ordonnance du commerce de 1673, rendue sous l'inspiration de Colbert, qui consacra définitivement la distinction de la faillite et de la déconfiture, et dont les dispositions ont subsisté jusqu'à la rédaction de notre Code de commerce.

Ces préoccupations du législateur à l'égard des commerçants n'ont rien qui doive surprendre si l'on songe aux nombreuses causes de ruine qui les menacent, et à la gravité particulière que peut affecter tout désastre qui les atteint.

Telle est, en effet, l'exactitude exigée par la rapidité des affaires commerciales, par cette nécessité où est chaque négociant de recevoir d'une main pour payer de l'autre, à jour fixe, que la faillite a dû être considérée comme un malheur public appelant tout particulièrement la sollicitude du législateur.

Il n'en est pas de même dans les relations ordinaires de la vie civile, qui supposent entre les contractants une intimité plus grande, et qui, ne présentant pas le même caractère d'urgence que les opérations commerciales, permettent aux parties de sacrifier la célérité à la prudence et de prendre des sûretés dans le contrat. Dans notre ancien droit le danger de la déconfiture était encore atténué par la prohibition du prêt à intérêt qui rendait moins fréquentes les avances de fonds considérables, par l'importance attachée aux immeubles qui constituaient pour ainsi dire la seule base du crédit des particuliers, et par l'emploi fréquent des hypothèques qui résultaient de tous les actes authentiques. Dans ces conditions, l'insolvabilité des non-commerçants pouvait difficilement atteindre les proportions d'un désastre, et les dispositions prises pour la réglementer, si incomplètes qu'elles puissent paraître aujourd'hui, pouvaient être considérées comme suffisantes.

TROISIÈME PARTIE

DE LA DÉCONFITURE

DANS LE DROIT ACTUEL

La législation actuelle a consacré la distinction établie par notre ancien droit entre la faillite et la déconfiture.

Elle a soumis le commerçant à un régime spécial organisé dans le Code de commerce, où elle s'est efforcée de régler minutieusement la situation des divers intéressés, de protéger dans une juste mesure les droits des créanciers, soit dans leurs rapports respectifs, soit au regard du failli, et de sauvegarder les intérêts du failli lui-même à l'encontre de la masse.

Si cette sollicitude à l'égard du commerçant se justifie par la fréquence des faillites et par la gravité particulière de leurs conséquences, si les déconfitures ne se présentent ni aussi nombreuses, ni aussi graves, à raison de la nature même des opérations auxquelles se restreint en général la gestion d'un patrimoine, il ne faut cependant pas perdre de vue la transformation qui s'est opérée dans la nature de la fortune publique, et l'importance prise par les valeurs mobilières dont la fragilité expose les fortunes à tant de hasards, en même temps que la tendance générale à notre époque à se lancer dans la spéculation a augmenté dans une large mesure les causes de ruine. Aussi les insolvabilités sont-elles devenues de plus en plus fréquentes et désastreuses chez les non-commerçants, appelant ainsi la sollicitude du législateur et une réglementation plus rigoureuse.

Malheureusement, nous verrons que le législateur n'est pas à l'abri de tout reproche à cet égard : dominé par les traditions de notre ancien droit, il a montré dans l'organisation de l'insolvabilité une préférence à l'égard du commerçant, qui s'est trop souvent traduite par l'indifférence à l'égard des non-commerçants. Tandis que la faillite est complétement organisée dans le Code de commerce, c'est à peine s'il est question de la déconfiture dans quelques textes isolés de nos lois civiles.

Notre étude sur la déconfiture dans le droit français moderne comprendra quatre parties.

Dans un premier chapitre, nous essayerons de préciser les caractères, les faits constitutifs de la déconfiture.

Dans un deuxième chapitre, nous rechercherons l'influence de la déconfiture sur les conventions ou les moyens offerts aux tiers pour se prémunir d'avance contre le danger de la déconfiture.

Dans un troisième chapitre, nous étudierons les voies d'exécution et la liquidation du patrimoine.

Enfin, dans un quatrième chapitre, nous rapprocherons la faillite et la déconfiture, afin de pouvoir, en les comparant, apprécier l'état actuel de la législation sur la déconfiture, et indiquer les améliorations dont elle nous paraît susceptible.

CHAPITRE I.

Définition et caractères de la déconfiture.

Nous définirons la déconfiture *l'état d'un non-commerçant qui a plus de passif que d'actif, et qui se trouve dans l'impossibilité de faire face à ses engagements.*

Pour justifier notre définition, nous aurons à rechercher quels sont les faits caractéristiques, les éléments constitutifs de la déconfiture. Cette situation résulte-t-elle d'un simple rapport entre l'actif et le passif, c'est-à-dire de l'*insolvabilité* indépendamment de toute autre circonstance, ou bien ces deux expressions correspondent-elles à deux situations distinctes, et faut-il quelque circonstance particulière pour transformer l'insolvabilité en déconfiture?

Notre législation n'a pas défini la déconfiture ni déterminé les faits qui la caractérisent, et les travaux préparatoires eux-mêmes, muets sur ce point, n'offrent aucune lumière qui puisse nous éclairer sur la pensée du législateur : aussi les controverses les plus nombreuses se sont-elles engagées sur ce point important. Avant d'examiner les divers systèmes auxquels le silence du Code a donné naissance, il importe de rappeler sommairement les dispositions de l'ancien droit sur lesquelles les auteurs fondent généralement leur doctrine.

I. — Dans notre ancienne jurisprudence, la déconfiture, nous l'avons vu, se présente constamment avec une acception légale parfaitement déterminée : elle nous apparaît partout comme *un incident de la procédure d'exécution*

Documents manquants (pages, cahiers...)

NF Z 43-120-13

donnant ouverture à la distribution par contribution et permettant d'écarter le privilége du premier saisissant.

Telle était l'application exclusive de la déconfiture dans le dernier état de notre ancien droit, et cela est si vrai que nous avons vu la plupart des auteurs, par une sorte de confusion d'idée assez facile à comprendre, assimiler complétement la *déconfiture* et la *contribution* (V. p. 39).

Aussi ne faut-il point s'étonner de voir les auteurs se placer constamment, en s'occupant de la déconfiture, en présence d'une procédure d'exécution, et supposer que les biens du débiteur ont été saisis et vendus : c'est qu'au point de vue spécial où ils se plaçaient, l'intérêt juridique de la question de savoir si le débiteur était ou non insolvable ne pouvait se présenter qu'à ce moment et pour déterminer la règle du concours des créanciers sur le prix. — C'est encore cette acception spéciale qui explique une restriction nouvelle dans la notion même de la déconfiture, d'après laquelle on ne tient compte dans l'évaluation du passif que des créanciers *apparents*, c'est-à-dire des créanciers qui se sont fait connaître légalement par des saisies ou des oppositions : ces créanciers sont en effet les seuls qui prennent part à la contribution.

Au reste, il importe de remarquer que si l'application de la *déconfiture* dans notre ancien droit se limite à l'ouverture de la contribution, la plupart des effets attachés dans la législation actuelle à la déconfiture ne sont pas cependant des innovations du Code civil. C'est ainsi que nous avons vu la déchéance du terme considérée par Pothier comme une conséquence de l'insolvabilité. C'est ainsi encore que l'insolvabilité du mandant mettait fin au mandat. Enfin, c'est ainsi que l'insolvabilité du principal obligé permettait à la caution d'exiger le remboursement anticipé, ou de prendre

Or, il en sera généralement ainsi lorsque l'objet de l'engagement consistera en un *fait déterminé*, dont l'exécution est indépendante de la solvabilité de l'obligé. S'agit-il, par exemple, de l'engagement contracté par un artiste de produire une œuvre d'art pour une époque plus ou moins éloignée, il est évident que cet engagement, dont l'exécution n'est que l'exercice d'un talent, d'une faculté éminemment personnelle, ne saurait être modifié par la diminution de la fortune de l'artiste; il n'est pas vraisemblable, en effet, que le créancier ait attaché une importance quelconque à sa solvabilité actuelle ou future.

Il en serait de même si le contrat de prêt avait été fait en vue d'une opération spéciale exigeant une transformation des capitaux avancés, en sorte que pendant un certain temps plus ou moins long, le montant de ces capitaux ne puisse pas se trouver dans le patrimoine, sous la forme d'une valeur actuelle et appréciable. C'est un capitaliste qui confie à un inventeur les fonds nécessaires pour l'aider dans ses recherches, ou pour l'acquisition des matières et des appareils qui lui sont nécessaires, il est évident que cette transformation, cet emploi, prévu par le contrat, ne constituera pas une modification de la situation pécuniaire du débiteur, autorisant le créancier à invoquer la déchéance du terme. Il est lié par le contrat, dont le but spécial implique de sa part une renonciation à cette déchéance (1). Il faudra donc pour donner application aux effets de la déconfiture qu'un fait nouveau, qui ne soit pas entré dans les prévisions des contractants, vienne aggraver la situation du débiteur, par exemple, des poursuites exercées par d'autres créanciers qui mettent cette personne dans l'impossibilité de continuer ses travaux.

(1) Comp. Pannier, *Th. de doct.*, p. 238.

Mais ces restrictions, fondées sur l'interprétation des conventions, ne constituent pas de véritables exceptions au principe de l'exigibilité anticipée qui ne repose elle-même que sur l'intention des parties.

V. — A quelles personnes la déchéance du terme est-elle opposable? L'exigibilité anticipée résultant de la déconfiture rejaillit-elle sur ceux qui sont tenus avec le débiteur ou pour le débiteur au payement de la dette, lorsqu'ils n'ont pas eux-mêmes encouru la déchéance?

A l'égard des *codébiteurs solidaires,* les principes qui gouvernent la solidarité ne laissent place à aucun doute, et il est universellement admis que la déchéance du terme se restreint à l'égard de l'obligé insolvable : c'est la conséquence nécessaire du caractère de *multiplicité* que présente l'obligation solidaire quant aux personnes qui y sont soumises. Aussi était-ce déjà l'opinion de Pothier qui déclarait que le débiteur solvable continuait à jouir du bénéfice du terme. « La raison en est, dit-il, que ce débiteur, qui est demeuré solvable, ne peut pas, sans son fait, être obligé à plus que ce à quoi il a voulu s'obliger : *Nemo ex alterius facto prægravari debet* (1). »

La même doctrine s'applique à la *caution* qui a garanti la dette de l'insolvable. Cependant, M. Larombière, se fondant sur le caractère accessoire de l'obligation de cette caution, la soumet à la déchéance résultant de la déconfiture de l'obligé principal (art. 1188, n° 22). Cette doctrine ne me semble pas tenir suffisamment compte de l'intention des parties et de l'étendue de l'engagement auquel la caution a entendu se soumettre. « Le cautionnement, comme toute obligation conventionnelle, ne peut produire d'autre effet

(1) *Obl.*, 226.—Comp. : Demol., t. II, n° 703 ; Laromb., t. II, art. 1188, n° 23.

que celui que l'intention des parties a entendu y attacher, et *on ne saurait l'étendre au delà des limites dans lesquelles il a été contracté* (art. 2015, C. civ.). Or, n'est-il pas logique d'interpréter l'intention de celui qui se rend caution d'une obligation à terme, en ce sens qu'il entend en garantir l'exécution seulement pour l'époque fixée par la convention (1)? »

Il n'en est plus de même du *tiers détenteur* de l'immeuble hypothéqué à la dette, à l'égard duquel le créancier n'a contracté aucun engagement, ni fait aucune promesse. L'acquéreur de l'immeuble hypothéqué n'est, en effet, que l'ayant-cause du débiteur, et ne saurait invoquer que les droits qui appartiennent à ce dernier; son sort est lié à celui de l'obligé, et il a dû s'attendre à être poursuivi dès que le débiteur, pour quelque cause que ce fût, pourrait l'être.

Il en serait toutefois autrement, s'il s'agissait d'une hypothèque constituée par le tiers détenteur lui-même au profit du créancier. Ce tiers détenteur serait, en effet, une véritable caution jouissant de tous les droits et priviléges appartenant aux cautions personnelles, et pouvant invoquer comme elles, la convention passée avec le créancier, pour se soustraire aux conséquences de la déchéance encourue par le débiteur (2).

VI. — Quels sont les effets de l'exigibilité anticipée? — Le principal effet de la déchéance du terme est d'autoriser le créancier à exiger le payement immédiat de la dette, et à en poursuivre le remboursement par toutes les voies de droit : citation en justice, commandement, saisie, etc. Il n'y a même pas à distinguer à cet égard entre les créanciers purement

(1) Demol., *Traité des obl.*, t. II, n° 707.
(2) Comp. Demol., *ibid.*

chirographaires et les créanciers munis de sûretés réelles. Ainsi les créanciers privilégiés ou hypothécaires peuvent invoquer cette déchéance, non-seulement à l'effet de se faire payer immédiatement et par préférence sur les biens affectés spécialement à leur garantie, lorsque ces biens sont vendus sur la poursuite des autres créanciers, mais encore à l'effet d'entamer des poursuites. La Cour de Bruxelles avait jugé en 1815 que le créancier hypothécaire ne peut poursuivre immédiatement l'expropriation de l'immeuble hypothéqué; mais cette doctrine a été rejetée avec raison par la jurisprudence postérieure (1). S'il en est autrement au cas de faillite, suivant une certaine opinion, c'est en vertu de la suspension des poursuites individuelles qui se concentrent entre les mains des syndics : or, dans la déconfiture, la loi n'a pas organisé de procédure d'ensemble, chacun conserve le droit d'agir dans son intérêt individuel, lorsque sa créance devient exigible pour quelque cause que ce soit (2). L'exigibilité anticipée produite par la déconfiture produit donc, sous ce rapport, le même résultat que l'échéance résultant régulièrement de la convention.

—Cette analogie entre les effets des deux modes d'échéance se présente encore à un autre point de vue : la déchéance du terme autorise le créancier à demander le payement du montant intégral de sa créance, sans aucune déduction pour escompte, lors même que la dette ne serait pas productive d'intérêts. C'est là une conséquence rigoureuse du caractère de cette exigibilité anticipée qui constitue pour le débiteur une *déchéance*, une *peine* attachée à la diminution du gage de ses créanciers et dont il doit subir seul les conséquences. Il ne faut donc pas que les créanciers soient obligés

(1) Voir notamment : Rouen, 22 février 1841 ; Angers, 15 mars 1861.

(2) Comp. : Demol., t. II, n° 665 ; Labbé, *J. du P.*, 1862, 2e col.

de lui payer sous une forme quelconque le prix de cette exigibilité, et de le dédommager d'un bénéfice qu'il n'a perdu que par son fait (1). Il est toutefois facile de voir que ce résultat peut présenter pour certains créanciers un avantage considérable, lorsque leur créance est garantie par un privilége ou une hypothèque venant en ordre utile, et ce n'est pas sans raison qu'on s'est récrié contre ce résultat qui améliore la condition de l'un des créanciers au détriment du débiteur et des autres créanciers, et lui permet de s'enrichir du désastre général qui frappe ces derniers (2).

Il est évident d'ailleurs que la privation pour le débiteur de la jouissance du capital ferait cesser le cours des intérêts s'il en avait été stipulé dans le contrat. De même, il y aurait lieu à réduction, s'il était établi que la créance étant productive d'intérêts, on avait compris d'avance et englobé dans le capital les intérêts à échoir jusqu'à l'échéance fixée par la convention. Il est, en effet, logique que toute aggravation de la dette, tout sacrifice du débiteur fondé sur la convention de terme, disparaisse avec le terme dont il était le prix.

—Enfin, de même que l'échéance régulière, la déchéance du terme, résultant de la déconfiture, autorise la compensation des dettes qu'elle rend exigibles avec les créances antérieurement échues au profit de l'insolvable, si, d'autre part, les deux dettes étaient liquides et fongibles. L'exigibilité anticipée lève en effet l'obstacle qui s'opposait à la compensation, et, à la différence de ce qui se passe dans la faillite, la dette devenue exigible ne cesse pas d'être liquide; ainsi que nous le verrons, en effet, la déconfiture ne transforme pas la créance en un droit à un dividende. A partir du jour où l'exigibilité se sera produite, c'est-à-dire à partir

(1) Demol., t. II, n° 696.
(2) Id.

du jour de la demande, la compensation s'opérera donc de plein droit, et le créancier pourra l'invoquer pour le tout, et non pas seulement jusqu'à concurrence du marc le franc auquel il pourrait avoir droit dans la contribution (1).

La déconfiture du débiteur ne rend évidemment exigibles que les dettes passives dont il est tenu; ceux dont l'insolvable est créancier conservent le bénéfice du terme. Mais, supposons deux personnes engagées l'une envers l'autre par un contrat synallagmatique et soumises en vertu de ce contrat à des obligations réciproques suspendues par un même terme, la déconfiture de l'un des contractants autorisera-t-elle l'autre partie à exiger l'exécution immédiate du contrat, tout en conservant elle-même le bénéfice du terme qu'elle a stipulé? Soit, par exemple, une vente à livrer, le vendeur pourra-t-il réclamer le payement immédiat du prix au cas de déconfiture de l'acheteur, tout en refusant d'opérer la délivrance avant le terme convenu? Je crois qu'une telle prétention devrait être repoussée; dans cette hypothèse, en effet, c'est le contrat lui-même qui est affecté d'un terme d'une manière indivisible; les deux termes sont corrélatifs et inséparables comme les deux obligations. Le vendeur est libre de ne pas se prévaloir de la déconfiture, mais s'il l'invoque, le contrat devient pur et simple dans son ensemble et il renonce par là même aux avantages qu'il pouvait exiger en vertu de la convention.

DU TERME DE GRACE.

Par une mesure d'humanité et d'équité, le législateur a permis au juge de venir au secours du débiteur que des

(1) Comp. Demol., t. II, n° 701.

embarras passagers empêchaient de remplir ses engagements à l'échéance, en lui accordant des délais qui lui permettent de s'acquitter plus aisément. Cette dérogation à la loi des contrats a été vivement critiquée, et elle ne peut se justifier que par le peu de gravité du préjudice que causent aux créanciers les retards qu'on leur impose. Aussi ne se comprend-elle qu'à l'égard d'un débiteur parfaitement solvable, et tel est le sens de la réserve recommandée au juge par l'art. 1244. Ce serait aller contre le but de la loi et causer au créancier un préjudice irréparable, que de le forcer à suspendre ses poursuites contre un débiteur insolvable, qui pourrait en profiter pour aggraver encore sa situation et dissiper les derniers débris de sa fortune. Il en résulte aussi que si un délai avait été accordé par le juge, la déconfiture du débiteur le priverait de ce bénéfice comme elle le prive du terme de droit (art. 124, C. pr.).

SECTION II.

EXTINCTION DE CERTAINS CONTRATS.

Il existe certains contrats qui, à raison des relations étroites, des liens permanents qu'ils engendrent entre les parties, ne peuvent subsister qu'à la condition d'une confiance plus large que celle exigée par les autres modes d'obligations conventionnels. Tels sont le mandat et la société.

I. — En effet, les obligations réciproques qui naissent du mandat, donnent lieu, de l'un des contractants à l'autre, à des recours éventuels portant, soit sur le recouvrement d'avances opérées, soit sur la restitution de sommes perçues en exécution du contrat. La déconfiture de l'une des parties, en détruisant la garantie qui assurait ces recours, et en faisant disparaître la confiance qui avait déterminé le contrat, devait donc mettre fin au contrat lui-même, et dégager les parties des liens d'une convention qui n'a plus sa raison d'être. « Si le dérangement des affaires du mandant ou du mandataire opère dans leur fortune un changement qui amène la faillite de l'un ou de l'autre, alors le contrat est rompu, parce que le mandant ne peut plus rester exposé à perdre l'objet du mandat, et le mandataire, le montant de ses frais et avances (1). »

II. — De même la déconfiture de l'un des associés opère la dissolution de la société : « Il ne peut plus y avoir, en effet, ni confiance dans la personne, ni égalité dans le contrat, qui tombe aussitôt parce qu'il reposait sur ces deux bases (2). »

La déconfiture de l'un des associés produit-elle le même effet à l'égard de la société commerciale? Il est certain que le Code de commerce, n'ayant pas parlé des causes d'extinction des sociétés, s'en est rapporté en principe aux dispositions du Code civil qui constitue le droit commun. Il faudra cependant distinguer entre les diverses espèces d'associés. La déconfiture n'opérera la dissolution de la société qu'autant qu'elle se produira dans la personne d'un associé responsable, ou dans celle d'un commanditaire qui n'aura pas entièrement libéré sa part d'intérêt.

Remarquons que la dissolution de la société par la déconfiture se produit de plein droit, c'est ce qui résulte des termes si formels de la loi : « la société *finit*... par la déconfiture. » Ce n'est donc pas un de ces faits que la loi soumet à l'appréciation du juge, un de ces *justes motifs*

(1) Locré, t. XV, p. 270.
(2) Id., t. XIV, p. 527.

dont parle l'art. 1871, et qui permettent seulement de provoquer l'intervention de la justice, si les parties ne s'entendent pas pour résoudre le contrat à l'amiable. Sans doute, il est possible qu'il faille s'adresser aux tribunaux pour terminer une contestation : si, par exemple, l'une des parties méconnaissait l'existence du fait qui donne lieu à l'extinction de la société; mais une fois ce fait reconnu, les juges n'auront pas à l'apprécier, mais à en tirer les conséquences que la loi y attache. La dissolution de la société proclamée par le jugement remontera donc au jour de la demande; c'est à partir de ce jour que les associés ont cessé d'être en société pour n'être plus, jusqu'au partage, qu'en état de communauté.

Au reste, il est évident que l'associé dans la personne duquel s'est produite la déconfiture, ne peut l'invoquer pour faire prononcer la dissolution de la société malgré ses associés solvables. La disposition de l'art. 1865 édictée pour protéger ces derniers, ne peut être invoquée contre eux; il ne peut dépendre en effet de l'un des associés de résoudre le contrat par son seul fait.

SECTION III.

RECOURS ANTICIPÉ DE LA CAUTION.

Le cautionnement ne pouvait évidemment prendre fin par le fait de la déconfiture de l'obligé principal, c'est en effet en prévision de cet événement que l'intervention du fidéjusseur a été exigée, afin de fortifier par sa responsabilité le crédit chancelant du débiteur, et de garantir le créancier contre les risques de son insolvabilité. Cependant, l'intérêt que mérite la caution, dont l'engagement est en principe désintéressé, exigeait qu'on lui permît de se soustraire, autant que le comportait son engagement, aux conséquences de la déconfiture du débiteur, et de prévenir le danger auquel pouvait l'exposer l'inaction du créancier. Il est en effet possible que ce dernier, se reposant sur la responsabilité de la caution et sur la sûreté qu'il trouve en sa solvabilité, néglige de se prévaloir de la déconfiture du débiteur à l'effet d'exercer des poursuites immédiates; or, l'insolvabilité tend fatalement à s'aggraver de jour en jour, les dernières ressources du débiteur s'épuisent rapidement, et les poursuites exercées par les autres créanciers ne tardent pas à précipiter le débiteur dans une ruine complète qui ne lui permettra plus, au jour de l'échéance, de payer ce créancier, même pour partie, tandis qu'au début de la déconfiture, cette créance eût pu être payée au moins partiellement. L'inaction du créancier va-t-elle condamner la caution à assister impassible à ce désastre dont elle devra en définitive supporter tout le poids? — Il est évident, en effet, que la caution ne peut, avant d'avoir payé, invoquer la subrogation aux droits du créancier, ni exercer ses droits en son nom, en vertu de l'art. 1166, et, d'un autre côté, le caractère purement *éventuel* de la créance qui lui appartient contre le débiteur ne pouvait l'autoriser à invoquer l'art. 1188.

Le législateur est venu à son secours dans l'art. 2032 et lui a permis de suppléer à l'inaction du créancier, en lui ouvrant un recours anticipé contre le débiteur. Il a fait pour elle ce que l'art. 1188 avait fait pour les créanciers à terme: « *la caution, même avant d'avoir payé, peut agir contre le débiteur, pour être par lui indemnisée... lorsque le débiteur a fait faillite ou est en état de déconfiture.* » Ainsi, elle pourra prendre toutes les mesures conservatoires pour garantir l'efficacité de son recours, demander sa décharge, ou exiger des sûretés réelles ou personnelles. Si elle ne l'obtient pas, elle pourra procéder à l'exécution et se faire attribuer une collocation sur le prix de vente des biens du débiteur, pour le chiffre de la créance qu'elle aurait à faire valoir contre lui si elle avait effectué le payement. — Mais il faut évidemment pour cela que le créancier ne produise pas lui-même, car la créance de la caution ferait double emploi avec la sienne.

L'art. 2032 s'applique à la caution, qu'elle soit ou non engagée par les liens de la solidarité avec le débiteur : la disposition de cet article est en effet générale.

Peu importe également la manière dont la caution a consenti à s'engager, que ce soit à la prière du débiteur, c'est-à-dire en vertu d'un mandat, ou à son insu, par une sorte de gestion d'affaires. Mais le même bénéfice n'appartiendrait pas à la caution qui se serait engagée malgré l'opposition du débiteur : il n'existe, en effet, aucun lien juridique entre ces deux personnes.

Enfin, le même bénéfice appartiendra à la *caution réelle*, c'est-à-dire à la personne qui a engagé un immeuble ou une partie quelconque de son patrimoine à la dette d'autrui. C'est là, en effet, une caution dans le sens de la loi, c'est-à-dire une personne qui, à titre gracieux, s'est engagée pour procurer du crédit et rendre service à un tiers : la loi devait donc la protéger au même titre que la caution personnelle.

—Pourrait-on étendre aux codébiteurs solidaires la disposition de l'art. 2032, et leur accorder un recours par anticipation, et dans les mêmes circonstances, contre leur codébiteur insolvable? — Il existe incontestablement une grande analogie entre cette situation et la précédente : comme la caution, en effet, les codébiteurs solidaires doivent supporter le poids de cette insolvabilité, et leur intérêt à agir est le même, car tout retard peut compromettre et rendre illusoire le recours qu'ils auront à exercer plus tard, à raison de ce qu'ils auront payé à la décharge de leur codébiteur. Cependant on décide, et avec raison, je le crois, que les codébiteurs solidaires ne pourront exercer aucun recours avant le payement; car, d'un côté, ils n'ont, comme la caution, qu'un droit purement éventuel, et non une créance à terme, et d'autre part la disposition de l'art. 2032 étant exceptionnelle, ne saurait être étendue en dehors de l'hypothèse spéciale pour laquelle elle a été édictée. Il n'y avait pas d'ailleurs les mêmes raisons de décider à leur égard, ils sont moins favorables que la caution qui s'est engagée à titre gracieux et dans un but désintéressé, tandis qu'ils n'ont pris à leur charge les risques de l'insolvabilité de leurs coobligés, que pour se procurer mutuellement du crédit.

SECTION IV.

DISSOLUTION DU CONTRAT DE MARIAGE.

Ce n'est pas seulement la déconfiture du mari qui donne à la femme le droit de provoquer la séparation de biens. Ce droit lui est ouvert « *dès que le désordre des affaires du mari donne lieu de craindre que les biens de celui-ci ne soient point suffisants pour remplir les droits et reprises de la femme* (art. 1443, C. civ.). » La loi vient donc au secours de la femme avant qu'elle n'ait éprouvé un préjudice, dès qu'apparaît l'éventualité de ce préjudice.

Quoique la séparation de biens ne modifie que le contrat pécuniaire passé entre les époux, cependant, à raison des intérêts moraux qu'elle peut atteindre, le législateur a cru devoir ranger le droit de la provoquer parmi les droits exclusivement attachés à la personne, et refuser aux créanciers de la femme le droit de l'exercer en son nom et sans son consentement (art. 1446). Cette restriction, en sacrifiant les intérêts les plus légitimes des créanciers à la paix et à l'union du ménage, eût pu leur causer le plus grave préjudice, si la loi n'en avait atténué la portée, en en suspendant l'application, du moins en partie, dans le cas de déconfiture du mari. Il était à craindre en effet que la persistance de la femme à maintenir le contrat de mariage ne profitât exclusivement aux créanciers du mari, et ne leur permît, à la faveur de la confusion des biens qui résulte de ce contrat, d'obtenir leur payement aux dépens des droits de la femme et de ses créanciers. Aussi, l'art. 1446 permet-il à ces derniers d'exercer, au cas de déconfiture du mari, et jusqu'à concurrence du montant de leurs créances, les droits que leur débitrice eût pu exercer si elle avait fait prononcer la séparation : elle leur permet, en d'autres termes, *de considérer la communauté comme dissoute*, et de faire valoir leurs droits comme si la liquidation de la communauté eût été opérée.

Remarquons que la faculté conférée aux créanciers par l'art. 1446 ne résulte pas pour eux des mêmes circonstances qui donnent à la femme le droit de provoquer la séparation de biens : c'est la déconfiture actuelle et non plus l'éventualité de la déconfiture que la loi exige : les créanciers ne peuvent bénéficier à cet égard de la faveur spéciale accordée à la femme; leur droit ne s'ouvre que quand leurs intérêts ont été lésés.

L'art. 1446 n'est en définitive qu'une application restreinte du principe consacré par l'art. 1166 : il leur permet donc d'exercer les droits que leur débitrice eût pu faire valoir elle-même, d'exercer toutes les reprises auxquelles elle a droit, et, pour exercer ces actions, d'invoquer l'hypothèque légale appartenant à la femme soit sur les propres du mari, soit sur les conquêts de communauté (1). Ils peuvent même, puisqu'à leur égard la communauté est réputée dissoute, saisir les revenus des biens propres de la femme quoique appartenant à la communauté, sauf pour la femme l'obligation de tenir compte à la communauté du montant de ses revenus, lors de sa dissolution.

Il importe, en effet, de remarquer que la déconfiture du mari ne confère pas aux créanciers de la femme le droit de dissoudre d'une manière absolue le contrat de mariage, qui continue d'exister dans les rapports des époux entre eux, jusqu'à ce qu'il ne cesse par l'une des causes énumérées par l'art. 1441.

SECTION V.

DE QUELQUES CAS NON PRÉVUS.

Les causes d'extinction résultant de la déconfiture doivent-elles être restreintes aux hypothèses que nous venons de parcourir, et n'est-il pas possible, en l'absence d'un texte formel, de les étendre à d'autres situations analogues?

La question s'est principalement soulevée à l'occasion de l'ouverture de crédit et de la tutelle.

1° Le contrat d'*ouverture de crédit* présente, en effet, avec le contrat de prêt, l'analogie la plus étroite : il n'en diffère qu'en ce que le versement des espèces, au lieu d'être effectué au moment même de la convention, est suspendu par un terme : c'est une promesse de prêt. Cette promesse

(1) Civ. rej., 4 févr. 1856.

continuera-t-elle à produire ses effets au cas de déconfiture du crédité? Nous croyons que par identité de motifs, et à raison de l'intention probable des parties, la déconfiture enlèvera à l'emprunteur le droit d'exiger le versement promis, comme elle lui enlèverait le droit d'en conserver le montant si ce versement avait été opéré. Le créancier ne saurait être forcé de remettre à l'insolvable des valeurs qu'il ne lui avait promises qu'en considération de sa solvabilité, et qu'il aurait le droit de répéter immédiatement après, en vertu de l'art. 1188 : le droit de résolution implique *à fortiori* le droit de rétention. Le crédité insolvable n'a donc aucun intérêt avouable à demander l'exécution du contrat.

2° La *tutelle* n'est qu'un mandat général conféré par la loi, et qui, comme le mandat conventionnel, engendre entre les parties des obligations réciproques de même nature, donnant lieu aux mêmes recours. Aussi, a-t-on pu se demander si la déconfiture ne devait pas mettre fin aux pouvoirs du tuteur comme à ceux du mandataire. Cependant, malgré l'analogie que présentent ces deux situations et l'identité de motifs que l'on pourrait invoquer à l'appui de cette extension, on admet généralement que la déconfiture du tuteur n'est pas à elle seule une cause de la destitution de la tutelle. L'extinction du mandat conventionnel a son fondement dans la convention même qui l'a établi : elle repose sur l'intention présumée des parties; mais le tuteur ne peut être dépouillé des pouvoirs qu'il tient de la loi, que par la loi elle-même, et dans les circonstances qu'elle détermine limitativement. Sans doute la déconfiture, à raison des circonstances qui l'accompagneront, pourra le plus souvent rentrer indirectement dans l'une des causes d'exclusion ou de destitution prévues par la loi : il sera rare, en effet, qu'elle ne soit pas le résultat de l'inconduite ou de fautes commises dans la gestion, qui révèlent l'incapacité sinon la malhonnêteté du tuteur ; mais le contraire est possible : peut-être le débiteur est-il la victime de circonstances fortuites, de malheurs immérités qui n'engagent en rien ni sa probité, ni son habileté : de quel droit viendrait-on lui faire un crime de ses malheurs, et l'en punir par une déchéance flétrissante (1)?

La déconfiture du tuteur n'autoriserait même pas le conseil de famille à restreindre ses pouvoirs et à lui imposer des conditions d'administration que la loi elle-même ne lui impose pas. L'organisation de la tutelle est, en effet, d'ordre public : il n'est pas plus permis d'y toucher pour restreindre les attributions du tuteur que pour les étendre.

Sans doute cette théorie peut compromettre les intérêts du mineur en livrant ses capitaux aux mains d'un homme insolvable; mais il ne saurait être permis, sous prétexte d'un avantage pratique, de corriger les dispositions expresses de la loi.

Observation. — Nous nous sommes constamment placés jusqu'ici en présence d'une déconfiture survenue *postérieurement au contrat*, dans la personne de l'un des contractants. C'est en effet, l'hypothèse que visent constamment les textes dont nous venons d'étudier les dispositions, et c'est aussi la seule qui justifie ces dispositions. Le fondement des diverses applications de la déconfiture que nous venons de signaler, ne consiste pas en effet dans l'*erreur* de l'une des parties qui s'est trompée sur la solvabilité de l'autre partie; ces applications sont la conséquence d'une modification survenue dans la fortune de l'un des contractants, et qui,

(1) Voir sur une question voisine, Derouet, *Rev. prat.* 1863, t. XVI, p. 519 et suiv.; — Demol., *Traité de la minorité*, t. I, n° 492.

en altérant les bases de la confiance qui avait déterminé le consentement, constitue une sorte de violation du contrat. La déconfiture existant au moment de la convention dans la personne de l'une des parties, même à l'insu de l'autre, ne porterait donc aucune atteinte à la validité du contrat, et n'autoriserait pas une demande en nullité de la part de la partie solvable. C'était à elle à se renseigner plus exactement sur la situation de son cocontractant : en traitant avec lui, elle a commis une imprudence contre les conséquences de laquelle la loi ne doit pas la restituer. Il n'en serait autrement que si l'erreur avait été le résultat de manœuvres frauduleuses au moyen desquelles l'insolvable aurait réussi à dissimuler sa véritable situation de fortune.

SECTION VI.

A PARTIR DE QUEL MOMENT SE PRODUISENT CES EFFETS.

Quel est le caractère exact des différentes applications que nous venons de signaler : se rattachent-elles à une *condition résolutoire tacite* dont la réalisation résout rétroactivement la convention, ou ne faut-il y voir qu'une *déchéance* laissant le passé intact et n'opérant que pour l'avenir ?

La solution de cette question peut présenter un intérêt considérable à l'égard de la partie solvable qui invoque la déconfiture, et dont les droits seront plus ou moins étendus suivant que l'on admettra l'un ou l'autre système. C'est ainsi, notamment, que la compensation pourra éteindre dans le passé deux dettes liquides et fongibles, si la déconfiture efface rétroactivement la convention de terme.

Il me paraît certain que la loi n'a pas entendu faire de la déconfiture une véritable condition résolutoire tacite dans le sens de l'art. 1184, et anéantissant d'une manière absolue les effets de la convention. La formule employée par le législateur, et le but même de ces dispositions ne permettent aucun doute à cet égard, et indiquent qu'il ne s'agit que d'une déchéance opérant l'extinction du contrat dans l'avenir. C'est ainsi que l'art. 1188 prononce que le débiteur *ne pourra plus réclamer le bénéfice du terme...*, et l'art. 1913, que la rente *devient exigible...;* les art. 1865 et 2003 sont également explicites en ce sens : la société *finit...*, le mandat *finit...* Ces expressions ne révèlent-elles pas de la manière la plus évidente la portée exacte de ces dispositions, et l'intention du législateur d'en restreindre les effets à l'avenir, sans toucher au passé? C'eût été d'ailleurs dépasser le but que l'on voulait atteindre en édictant ces dispositions, et méconnaître l'intention des contractants que d'opérer la résolution complète de la convention. Le but de la loi était en effet d'enlever au débiteur le pouvoir de compromettre les intérêts de l'autre contractant, de protéger ce dernier contre l'éventualité du préjudice que peut lui causer le maintien du contrat, mais non de le restituer contre un préjudice déjà subi. Or, seule l'extinction du contrat répond exactement à ce but.

La déconfiture ne produit pas ses effets de plein droit et à partir du jour où elle se manifeste : ces effets ne se produisent que s'ils sont invoqués, et à partir du jour où ils sont invoqués. Le jugement qui prononce la déconfiture ne crée pas ces effets, il ne fait que les constater : c'est un jugement purement déclaratif dont l'effet remonte *au jour de la demande.* C'est donc à partir de ce moment que les déchéances sont encourues, que la compensation légale devient possible, et que la société se dissout pour faire place à un état de communauté jusqu'au partage.

SECTION VII.

LE DÉBITEUR NE PEUT-IL PAS SE SOUSTRAIRE AUX EFFETS DE LA DÉCONFITURE EN DONNANT DES SURETÉS A SES CRÉANCIERS.

Nous avons vu que l'art. 1613, en enlevant à l'acheteur qui tombe en déconfiture, le droit de se prévaloir du terme qui lui a été accordé par le contrat, lui permet de se soustraire à cette déchéance en fournissant une caution au vendeur. C'est là une disposition éminemment favorable au débiteur et qui permet de concilier l'intérêt du vendeur avec le maintien de la convention : aussi peut-on se demander si cette disposition est spéciale au contrat de vente, ou si elle n'est que l'application d'un principe général qui doit être étendu à tous les cas analogues.

J'admettrais volontiers que cette faculté d'écarter les effets de la déconfiture appartient à tous les insolvables, quelle que soit leur situation. L'attribution des sûretés suffisantes écarte, en effet, complétement les motifs sur lesquels reposaient ces diverses déchéances : le droit du créancier est pleinement sauvegardé, et l'on peut même dire que rien n'est changé dans sa situation, puisqu'à la place de la garantie fondée sur la solvabilité de son débiteur, il obtient celle résultant de la responsabilité d'une autre personne solvable. Quelle raison y aurait-il d'ailleurs de distinguer à cet égard entre la vente et les autres contrats : toute convention ne mérite-t-elle pas une égale protection de la loi?

Il est vrai que le débiteur qui a diminué *par son fait* les sûretés données dans le contrat (art. 1188), ne peut plus, suivant l'opinion générale, conserver le bénéfice du terme en fournissant de nouvelles sûretés : mais peut-on dire que celui qui tombe en déconfiture diminue *par son fait* les sûretés de son créancier, et ne doit-on pas plutôt assimiler cet événement à la perte fortuite, à la dégradation accidentelle visée par l'art. 2031, et qui laisse au débiteur la faculté de se soustraire au remboursement immédiat en fournissant des sûretés supplémentaires?

CHAPITRE III.

Voies d'exécution. — Liquidation.

Jusqu'ici nous avons vu l'intervention du législateur se produire en faveur des personnes qui ont traité avec l'insolvable, à l'effet de les soustraire à des engagements qu'ils n'avaient contractés qu'en considération d'une situation de fortune qui n'existe plus. Ces dispositions que nous venons d'étudier, n'établissent à vrai dire que des mesures préventives, destinées à écarter l'éventualité d'un préjudice plutôt qu'à réparer un préjudice déjà né et actuel. C'est ainsi que les unes, en prononçant la dissolution de certains contrats, ont permis à ces personnes de séparer leur sort de celui de l'insolvable avant que la convention qui les liait n'eût produit à leur égard tous ses effets : si au contraire la prestation mise à leur charge avait été effectuée en sorte qu'ils n'eussent plus d'autre moyen de sortir indemnes du contrat, qu'en obtenant l'exécution de l'engagement de l'autre partie, la loi leur a permis de devancer le terme convenu, et de réclamer cette exécution avant que la ruine complète du débiteur ne l'eût rendue impossible.

Nous arrivons maintenant aux voies d'exécution proprement dites, c'est-à-dire aux moyens que la loi a mis à la disposition des créanciers pour forcer le débiteur à exécuter ses engagements et pour arriver à se faire désintéresser, du moins dans la mesure que comporte son insolvabilité.

SECTION I.

FONDEMENT ET OBJET DE CES VOIES D'EXÉCUTION.

I. — Le fondement du droit de poursuite des créanciers sur les biens de leur débiteur réside dans le droit de gage général qui, indépendamment de toute stipulation à cet égard, leur appartient sur son patrimoine. Toute personne qui contracte, affecte à la garantie de son obligation tout son patrimoine : « Qui s'oblige oblige le sien, » disait-on dans l'ancien droit. C'est le même principe que le Code civil a consacré en ces termes dans les art. 2092 et 2093 : *Quiconque s'est obligé, est tenu de remplir son engagement sur tous ses biens mobiliers ou immobiliers, présents et à venir.* » — « *Les biens du débiteur sont le gage commun de ses créanciers...* »

II.—Toutefois, nous avons déjà vu que la sûreté conférée aux créanciers par ce droit de gage légal est singulièrement restreinte par la liberté qu'il laisse au débiteur de gérer ses biens et d'en disposer à son gré. Ce droit de gage imparfait n'entraîne ni droit de suite ni droit de préférence pour les créanciers qui sont obligés de subir tous les actes par lesquels le débiteur a diminué son actif ou augmenté son passif.

Ce pouvoir du débiteur sur ses biens n'est même pas suspendu par son insolvabilité, et la déconfiture même prononcée par un jugement n'opère pas le dessaisissement comme la faillite, elle laisse le débiteur en pleine possession de tous ses droits. S'il est en effet un principe certain dans notre législation, c'est celui qui confère à tout propriétaire la liberté de gérer son patrimoine et d'en disposer à son gré, principe consacré de la manière la plus formelle par l'art. 537 du Code civil, en ces termes : « *Les particuliers ont la libre administration des biens qui leur appartiennent, sauf les modifications établies par les lois.* »

Or, nous ne trouvons dans la loi d'autres restrictions à ce principe fondamental que celles qui résultent de la *minorité*, de l'*interdiction*, de la *nomination d'un conseil judiciaire* et de l'*incapacité de la femme mariée*. Mais aucune disposition légale n'a appliqué cette restriction au débiteur qui tombe en déconfiture, et ce n'est pas sur une simple analogie que l'on pourrait fonder une dérogation si grave au droit commun. Des arrêts ont pourtant essayé d'étendre à la déconfiture le dessaisissement produit par la faillite (1). Mais cette doctrine est aujourd'hui universellement combattue (2). Le débiteur conserve donc, malgré sa déconfiture, l'intégrité de ses droits sur son patrimoine; il peut, notamment, faire tous les actes d'administration, hypothéquer, aliéner soit à titre gratuit, soit à titre onéreux, sans que les créanciers puissent, en aucun cas, attaquer la validité de ces actes sous le seul prétexte de son insolvabilité.

Est-ce à dire cependant que les créanciers seront complétement livrés à la merci du débiteur et laissés sans protection contre les actes les plus compromettants par lesquels il lui plaira de diminuer leur gage? Il n'en pouvait être ainsi, et la loi, dans un certain nombre de dispositions que nous allons étudier, leur a fourni le moyen de sauvegarder leurs

(1) Voir notamment Bruxelles, 23 mars 1811.

(2) Voir : Bordeaux, 16 août 1818; Pau, 12 avril 1832, et Cass., rej., 26 février 1834. — Breynat, *Rev. de lég.*, 1846, III, p. 173; Garraud, *Rev. prat.*, t. XLIV, p. 143.

droits, et de fixer dans une certaine mesure la consistance de leur gage à l'encontre des actes du débiteur.

C'est ainsi que la procédure des saisies leur permettra de restreindre les pouvoirs d'administration et de disposition du débiteur en plaçant ses biens sous la main de justice. L'art. 1166 leur fournira le moyen de remédier à ses négligences, et l'action révocatoire de l'art. 1167 leur permettra de se soustraire aux conséquences de certaines fraudes qu'il aurait pu commettre à leur préjudice. Ces différentes dispositions ont, en outre, pour effet de préparer la liquidation du patrimoine de l'insolvable en formant la masse active sur laquelle les créanciers viendront se payer.

Observation. — Avant d'aborder l'examen de ces divers modes d'exécution, il importe de bien établir un principe qui domine cette matière et dont nous aurons occasion de faire de nombreuses applications : c'est l'individualité des poursuites et l'indépendance complète des créanciers les uns à l'égard des autres.

Le débiteur restant à la tête de son patrimoine malgré sa déconfiture, c'est contre lui personnellement que devront s'exercer les actions des créanciers. Il ne peut y avoir en cette matière de syndic ou de mandataire général concentrant entre ses mains les divers intérêts qui se trouvent en présence. La loi n'a pas organisé, comme dans la faillite, une procédure d'ensemble destinée à réunir dans une action commune tous les intéressés; il ne saurait donc y être question que d'actions individuelles exercées séparément par chacun des créanciers. Il n'y a pas, à proprement parler, au cas de déconfiture, une *masse* de créanciers, c'est-à-dire une réunion d'intérêts communs; il n'y a que des intérêts isolés. La loi fournit à chacun le moyen de pourvoir à sa sûreté et de veiller aux intérêts de sa créance; mais elle n'y veille pas directement elle-même. Elle laisse à chacun le soin d'agir quand il lui plaît et n'intervient pas pour protéger les négligents : *Lex vigilantibus succurrit.*

De plus, l'effet des poursuites ne pourra profiter qu'à ceux qui les ont exercées. Il est en effet de principe dans notre droit que nul ne peut invoquer le bénéfice d'une action, à moins qu'il n'y ait pris part, ou qu'il n'y ait été représenté. Or, les créanciers ne se représentent pas les uns les autres en pareille matière : il n'existe entre eux aucun lien juridique, aucun mandat à l'effet de se représenter. Il faudra donc que chacun des créanciers agisse, qu'il paye de sa personne, soit en exerçant des poursuites analogues à celles qui sont déjà pratiquées par d'autres créanciers, soit en se joignant à ces dernières pour pouvoir en invoquer les effets.

Les créanciers ne pourraient même pas d'un commun accord substituer une procédure unique et collective à ces actions multiples, en nommant un syndic chargé de les réprésenter tous, ni s'unir pour faire vendre les biens de leur débiteur et les administrer jusqu'à la vente. Ce droit ne pourrait en effet résulter que du dessaisissement du débiteur qui, nous l'avons vu, n'existe pas en matière de déconfiture : on ne saurait enlever au débiteur, la gestion de ses biens sans son consentement (1).

§ 1. — *De la saisie.*

I. — Le gage des créanciers embrasse tous les biens du débiteur quelle que soit leur nature, les immeubles comme les meubles, les droits de créance comme les droits de propriété : tous ces droits constituent, en effet, des éléments

(1) Bruxelles, 8 décembre 1815.

de son patrimoine et à ce titre, sont affectés à la garantie de ses obligations. La loi devait donc permettre aux créanciers de poursuivre leur remboursement sur tous ces biens indistinctement : c'est ce qu'elle a fait en instituant différentes sortes de saisies correspondant aux diverses espèces de biens qui peuvent entrer dans la composition du patrimoine. C'est ainsi que la *saisie immobilière* et la *saisie-exécution* leur permettent d'atteindre les objets corporels qui sont compris dans leur gage, tandis qu'au moyen de la *saisie-arrêt*, ils peuvent appliquer à leur désintéressement les créances appartenant à leur débiteur contre des tiers.

II. — *Effets des saisies.* — Quels que soient les objets qu'elles frappent, quelles que soient les procédures qu'elles nécessitent, les saisies doivent produire des effets identiques, à raison même de l'identité des motifs qui ont guidé le législateur dans l'organisation de ces différentes voies d'exécution.

La saisie n'opère pas par elle-même l'expropriation du débiteur, elle n'est qu'un préliminaire obligé, un acheminement vers cette expropriation. Mais cette voie d'exécution eût été une arme inutile entre les mains du créancier, si le débiteur avait conservé tous les attributs, les droits accessoires du droit de propriété : il était à craindre, en effet, que dans l'intervalle qui sépare la saisie de la vente, il n'aliénât ses biens pour en détourner le prix, ou qu'il ne les diminuât par des actes de mauvaise administration, à un moment où la conservation de son patrimoine intéresse plus ses créanciers que lui-même. La loi y a pourvu en frappant le saisi d'une sorte d'incapacité quant à certains actes : la saisie opère le dessaisissement du débiteur; mais remarquons qu'elle n'a pas pour effet d'investir le créancier lui-même des droits qu'elle enlève au débiteur : *elle opère la main-mise des objets saisis au profit de la justice* : c'est la justice qui se charge de l'administration, en nommant des gardiens ou des séquestres : c'est elle qui procédera à l'aliénation, suivant les formes réglées par la loi.

a) Quelle est l'étendue de ce dessaisissement et quelles sont les restrictions qu'il apporte aux pouvoirs du débiteur?

1° La saisie enlève au débiteur le *droit de disposer* de ses biens à quelque titre que ce soit : les biens saisis sont frappés d'indisponibilité à l'égard du saisissant. — C'est ainsi que la vente de l'immeuble consentie postérieurement à la transcription de la saisie immobilière est nulle et non avenue à l'égard du saisissant, sans même que ce dernier ait besoin de faire prononcer cette nullité (art. 686, C. pr.). — De même la saisie-arrêt pratiquée sur une créance empêche le saisi d'en disposer de quelque manière que ce soit, soit en la cédant, soit en en faisant remise, soit en en recevant le payement, même par compensation. — La saisie-exécution empêche également le débiteur d'aliéner les objets qui y sont compris ; mais cette prohibition n'est pas sanctionnée par la nullité de l'aliénation qui en aurait été consentie et qui pourrait être couverte par la disposition de l'art. 2279 du Code civil relative à la prescription des meubles. Le saisissant ne pourrait même pas se prévaloir pour la faire tomber du deuxième alinéa de cet article et prétendre que la chose aurait été volée : le vol est en effet la soustraction de la chose d'autrui, et nous savons que la saisie a laissé au débiteur la propriété de sa chose. Au reste, le saisissant peut se soustraire à ce danger en établissant des gardiens à la saisie.

2° La saisie a également pour effet de dépouiller le débiteur de son droit d'*administration* et de *jouissance*. C'est ainsi que la possession de l'immeuble saisi lui est retirée (art. 681, C. pr.). Il est vrai que si le créancier y consent, l'immeuble peut rester entre ses mains; mais son droit n'en est pas moins profondément modifié : il ne conserve en effet la possession qu'à titre de séquestre judiciaire, et c'est cette qualité qui déterminera l'étendue de ses pouvoirs, quant aux actes d'administration à accomplir. Ainsi, s'il consent un bail après la transcription de la saisie, cette convention ne sera pas opposable aux saisissants. La transcription lui enlève en même temps la jouissance de l'immeuble, en immobilisant les fruits. Le débiteur perd également la jouissance de la créance frappée d'opposition; si cette créance porte sur des objets mobiliers, il n'aura plus droit aux fruits et aux produits de ces objets; si elle porte sur une somme d'argent, il ne pourra plus toucher ni le capital ni les intérêts. Il en est de même de la saisie-exécution. Cependant, si le saisi était constitué gardien, on admet généralement, par un motif d'humanité, qu'il peut user des objets saisis, et garder pour lui les fruits qui en proviennent. Mais son droit d'administration est restreint : c'est ainsi qu'on décide qu'il ne pourra pas louer les biens saisis, à moins qu'il ne s'agisse d'objets destinés d'avance à être loués, comme les livres saisis dans un cabinet de lecture.

3° Toutefois, le dessaisissement qui frappe le débiteur n'est pas général comme celui qui résulte de la faillite; il se limite aux actes déterminés par la loi et que nous venons de signaler. Ainsi la saisie n'enlève pas au débiteur le droit de contracter de nouvelles obligations exécutoires sur les biens saisis.

La saisie pratiquée sur des immeubles ne lui enlève même pas le droit de consentir sur ces immeubles des hypothèques opposables à tous les créanciers chirographaires, même aux saisissants. Quelques auteurs contestent cependant cette doctrine en se fondant sur l'assimilation que l'art. 2124 du Code civil établit entre l'aliénation et la constitution d'hypothèque; mais l'opinion la plus répandue conserve au saisi ce droit. La prohibition de l'hypothèque proposée dans le projet de loi de 1841 a été formellement rejetée : on a défendu au saisi d'aliéner, parce qu'on ne voulait pas qu'il pût faire tomber la procédure commencée; c'était là le danger dont on se préoccupait, danger que la constitution d'hypothèque ne peut présenter, puisqu'elle n'influe pas sur la procédure de saisie, mais seulement sur la distribution du prix d'adjudication.

b) Le dessaisissement qui résulte de la saisie n'est que relatif; l'incapacité dont elle frappe le débiteur ne peut être invoquée que par le saisissant : la mainlevée donnée par ce dernier restitue donc au saisi sa capacité à l'égard de tous les créanciers. C'est ainsi que l'art. 687 valide l'aliénation consentie au mépris d'une saisie immobilière lorsque l'acquéreur désintéresse le saisissant, en consignant une somme suffisante pour couvrir sa créance et celle des créanciers inscrits. — Il en serait de même d'une saisie-arrêt, et le tiers saisi qui aurait payé, malgré l'opposition pratiquée entre ses mains, n'en serait responsable qu'envers le saisissant : l'art. 1242 est formel à cet égard et n'annule le payement opéré au mépris d'une saisie qu'*à l'égard des créanciers saisissants ou opposants.* A l'égard de tous autres créanciers, le payement a irrévocablement éteint la créance de leur débiteur; la saisie qu'ils n'ont pratiquée que postérieurement a frappé dans le vide.

c) L'indisponibilité résultant des saisies ne porte évidemment que sur les biens saisis : sur tout le reste de son patrimoine le débiteur conserve l'intégrité de ses pouvoirs.

Mais cette indisponibilité frappe-t-elle les biens saisis pour la totalité ou seulement jusqu'à concurrence du montant de la créance du saisissant? — En ce qui concerne la saisie des objets corporels, il ne s'élève aucun doute, et l'on admet unanimement qu'elle produit une indisponibilité totale. — Mais la question est vivement controversée quant à la saisie-arrêt pratiquée sur une créance de somme d'argent, et la majorité des auteurs et des arrêts enseignent même que l'opposition ne produit pas d'effet pour tout ce qui excède les causes de la saisie, de sorte que cet excédant pourrait être l'objet d'un payement ou d'une cession valables (1). Telle n'est pas notre opinion, et nous croyons avec M. Demolombe que l'effet de la saisie s'applique à la créance tout entière qui ne peut être cédée ni payée, même partiellement, à l'encontre d'une opposition. C'est ce qui résulte de la formule absolue de l'art. 1242 qui prohibe tout payement de la créance saisie-arrêtée, sans aucune restriction. La doctrine contraire pourrait d'ailleurs compromettre gravement les intérêts des saisissants qui, n'acquérant pas un droit exclusif sur la portion de la créance devenue indisponible, se verraient obligés de subir le concours d'opposants postérieurs et de se contenter d'un payement partiel, si même les priviléges de ces derniers absorbant toute cette portion de la créance ne les écartaient pas complétement.

Quant à la disposition de l'art. 559 qui exige l'énonciation dans l'exploit de saisie des sommes dues au saisissant, elle n'implique pas nécessairement chez le législateur l'intention de restreindre au montant de ces sommes l'effet de la saisie : « C'est bien le moins quand vous faites défense à mon débiteur de me payer au préjudice *de ce que je vous dois*, que vous me disiez en effet ce que vous prétendez *que je vous dois*, et comment, et par quel sacrifice je pourrai

(1) Comp. : Orléans, 11 mai 1859; Bourges, 24 novembre 1865; Cass., 25 août 1869.

faire lever votre défense (1). » La saisie-arrêt rend donc la créance entière indisponible à l'égard du saisissant, et met ce dernier à l'abri des effets de tous payements. Il en résulte que si après un payement partiel de la créance saisie-arrêtée, le saisissant ne pouvait se désintéresser complétement par suite de la survenance de saisissants postérieurs sur la somme encore due au saisi, il aurait son recours contre le tiers saisi pour le préjudice que lui a causé le payement partiel, c'est-à-dire pour la différence entre le dividende qu'il a obtenu et celui qu'il eût reçu sans ce payement.

§ 2. — *Exercice par les créanciers des droits et et actions de leur débiteur.*

Le débiteur obéré qui se voit dans l'impossibilité de faire face à ses engagements, et qui sait que tous ses efforts ne profiteront qu'à ses créanciers dont les poursuites absorberont tout son avoir, tend fatalement à tomber dans le découragement ; il peut se désintéresser de ses affaires et laisser périr par son inaction les droits et actions qui lui compètent. C'est à ce danger que l'art. 1166 a voulu remédier en permettant aux créanciers de se substituer au débiteur dans l'exercice de ces droits.

Mais les créanciers qui exercent ces droits agissent exclusivement au nom de leur débiteur et dans son intérêt; ils n'invoquent point un droit qui leur soit propre, et cela est si vrai qu'ils ne peuvent agir qu'au défaut et sur le refus du débiteur : ils sont ses mandataires, mandataires intéressés, il est vrai, mais ce ne sont point, comme on l'a prétendu, des *procuratores in rem suam;* c'est lui seul qui doit être

(1) Demol., *Traité des Oblig.*, t. IV, § 209, 3°.

considéré comme partie dans l'instance, quoiqu'il n'y figure pas lui-même. Ils ne seront pas saisis du bénéfice de l'action qu'ils ont intentée de son chef; c'est entre les mains du débiteur que devront s'exécuter toutes les condamnations obtenues par les créanciers (1). Et il en devrait être ainsi lors même que l'action qu'ils intentent aurait pour objet une créance de somme d'argent, si au lieu de recourir à la voie de la saisie-arrêt, les créanciers invoquaient l'art. 1166. Leur action tend uniquement à faire rentrer dans le patrimoine du débiteur une valeur qui lui est due, afin de leur permettre de faire ensuite valoir sur ce bien leur droit de gage au moyen des saisies.

L'exercice des droits du débiteur ne conférant aucune mainmise sur ces droits, il en résulte que le débiteur en conserve la libre disposition; il pourrait à son gré les aliéner ou y renoncer (2). Cependant, cette conséquence qui nous semble résulter rigoureusement de la nature de cette action, est abandonnée par presque tous les auteurs (3).

§ 3. — *Action révocatoire.*

Si le débiteur même insolvable conserve le gouvernement de son patrimoine, si les actes qu'il fait, les aliénations qu'il consent sont opposables à ses créanciers, quelque préjudice qu'ils leur causent, ses pouvoirs ne sont cependant pas absolus : ils s'arrêtent à la fraude. S'il trahit la confiance de ses créanciers, s'il soustrait à leur action les débris de son patrimoine, il cesse de les représenter, et l'art. 1167 du Code civil leur permet de se soustraire aux conséquences de ces actes.

(1) Comp. : Laromb., art. 1166, n° 22; Colmet de Santerre, t. V, n° 81*bis*, II.
(2) Cass., 18 févr. 1862; Caen, 24 décembre 1866.
(3) Voir notamment Demol., t. II, n° 118.

Mais quelque faveur que méritent les créanciers, la loi ne pouvait leur sacrifier les droits légitimes des tiers qui ont contracté de bonne foi avec le débiteur, et rendre ces derniers responsables d'une fraude à laquelle ils sont restés étrangers. D'autre part, le contrat passé avec le débiteur est valable, ayant été fait avec une personne capable et maîtresse de ses droits. Il faut donc pour que ces tiers soient soumis à l'action du créancier, qu'il se soit produit en leur personne un fait quelconque, un principe d'obligation engendrant un rapport obligatoire entre eux et ce créancier. Ce principe d'obligation consistera soit dans un *délit* s'ils ont participé à la fraude, soit dans un *quasi-contrat* résultant de l'enrichissement injuste que leur procure l'acte frauduleux, s'ils ont traité à titre gratuit avec le débiteur. Tel est le double fondement de l'action révocatoire : elle exige donc, outre la *fraude* du débiteur, soit la *complicité* du tiers, soit la *gratuité* de l'avantage résultant pour ce tiers de l'acte frauduleux.

Dans ces termes, l'action révocatoire s'applique à tous les actes du débiteur, quelle que soit leur nature, qui ont pour résultat de causer quelque préjudice aux créanciers *en diminuant son actif;* mais elle ne s'applique pas aux actes par lesquels le débiteur aurait *augmenté son passif* en contractant de nouvelles dettes : ces actes ne portent, en effet, aucune atteinte au gage des créanciers que cette action a pour but de sauvegarder.

Le but de l'action révocatoire n'est pas la *reconstitution du patrimoine du débiteur,* mais seulement la *reconstitution du gage des créanciers,* et la réparation du préjudice qui leur a été causé. L'acte attaqué subsistera avec toute sa force dans les rapports du débiteur avec les tiers, mais il ne sera pas opposable au créancier qui recouvrera le droit de procéder à l'exécution sur le bien qui avait été soustrait à leur poursuite, et l'obligation du tiers consistera à subir cette exécution comme si le contrat n'était pas intervenu. Ainsi, si l'acte frauduleux a consisté dans l'aliénation d'un objet corporel, le créancier pourra saisir cet objet : s'il y a eu remise de dette, il recouvrera le droit de pratiquer une saisie-arrêt entre les mains du tiers.

Le principe de l'action paulienne consistant dans une obligation personnelle du tiers à l'égard du créancier et non pas dans un droit de suite attaché au droit de gage de ce dernier, il en résulte qu'elle ne sera admise contre les sous-acquéreurs, qu'autant qu'ils se trouveront eux-mêmes dans les conditions sous lesquelles cette action pourrait être admise contre eux personnellement, c'est-à-dire qu'autant qu'ils ont traité à titre gratuit avec le premier acquéreur, ou qu'ils ont connu la fraude dont la première aliénation était l'œuvre. C'est ainsi que l'efficacité du recours des créanciers sera subordonnée à la solvabilité du tiers qui a contracté avec le débiteur, et à la présence dans son patrimoine de la valeur qui a fait l'objet de l'aliénation attaquée.

Enfin, cette action n'ayant pas pour but de révoquer absolument l'acte frauduleux et de faire rentrer dans le patrimoine du débiteur la valeur qui y avait été soustraite, il en résulte qu'elle ne produit qu'un effet relatif, et qu'elle ne profitera qu'à ceux qui l'auront exercée : « Le jugement qui a admis l'action paulienne à la demande d'un ou de plusieurs créanciers ne profite point à ceux qui n'y ont point figuré : ceux-ci n'ont le droit de l'invoquer ni vis-à-vis du tiers contre lequel la révocation a été prononcée, ni au regard du créancier qui l'a obtenue (1). » Cette solution me

(1) Aubry et Rau, t. IV, p. 141.

paraît incontestable : n'agissant point au nom du débiteur, mais en vertu d'un droit qui leur est propre, les créanciers ne se représentent point les uns les autres.

Bien plus, du caractère d'action en indemnité qui appartient à cette action, il résulte qu'elle ne peut appartenir indistinctement à tous les créanciers : elle ne pourra être exercée que par ceux à qui l'acte frauduleux a pu causer préjudice, c'est-à-dire par ceux dont le titre est antérieur à cet acte : quant aux créanciers postérieurs, ils n'ont pu compter sur un bien qui ne se trouvait pas dans le patrimoine du débiteur au moment où ils ont traité avec lui : l'aliénation qui en a été faite avant que leur créance ne fût née n'a pu leur nuire, et ne saurait donner naissance en leur faveur à aucun recours en indemnité.

SECTION II.

RESTRICTIONS AU DROIT DE GAGE ET AU DROIT DE POURSUITE DES CRÉANCIERS.

Bien que la formule des art. 2092 et 2093 soit générale et proclame le droit de gage des créanciers sur tous les biens du débiteur, le principe qu'elle consacre n'est pas absolu ; diverses dispositions légales sont venues apporter de nombreuses restrictions au droit des créanciers, et limiter l'application des différentes voies d'exécution que nous venons d'examiner.

I. — Une première dérogation à la règle résulte des restrictions apportées au droit de saisie, c'est-à-dire du privilége d'insaisissabilité dont la loi a frappé différentes sortes de biens.

C'est ainsi qu'un intérêt d'humanité a inspiré les dispositions de l'art. 592 du Code de procédure qui réserve au saisi les provisions, les meubles et les vêtements qui lui sont indispensables, ainsi que les outils relatifs à sa profession. On n'a pas voulu le dépouiller des choses essentielles à la vie, et lui rendre en quelque sorte l'existence impossible, pour procurer aux créanciers un avantage pécuniaire de minime importance. C'est également la même considération qui a fait établir l'insaisissabilité des pensions de retraite et des pensions dues par l'État (art. 580, C. pr.).

Un motif d'intérêt général, l'intérêt des services publics qui doit prévaloir sur l'intérêt des particuliers, a dicté l'insaisissabilité au moins partielle des traitements dus par l'État à ses fonctionnaires (art. 580, C. pr.). Les lois des 21 ventôse an IX et 19 pluviôse an III ont déterminé la portion jusqu'à concurrence de laquelle ces traitements pourront être frappés d'opposition.

Dans le but de relever le crédit de l'État et de faciliter la circulation des rentes sur l'État, en la dégageant des formalités qui tendent à déprécier ces valeurs, les lois des 8 nivôse an VI et 22 floréal an VII ont créé un privilége spécial d'insaisissabilité non-seulement en ce qui concerne le capital de ces rentes, mais encore quant aux arrérages. Les créanciers ne pourront donc, en aucun cas, former opposition soit au transfert du capital, soit au payement des arrérages des rentes sur l'État. — Il faut convenir, toutefois, que si cet avantage exorbitant offert aux capitalistes se justifiait dans une certaine mesure au moment où il a été établi, par la nécessité de ramener à cette propriété la faveur publique, la situation actuelle du crédit de l'État ne commande plus ce remède extrême qui a pour effet de diminuer le crédit général en soustrayant à l'action des créanciers une notable partie du patrimoine des particuliers.

L'insaisissabilité peut encore résulter de la nature même de certains droits, comme une conséquence de leur incessibilité. Tels sont les droits d'usage et d'habitation ; tels sont également les immeubles dotaux de la femme.

Enfin, l'insaisissabilité peut résulter de la volonté du donateur ou du testateur, qui est libre d'apposer à sa libéralité cette condition dont les créanciers du donataire ou du légataire ne peuvent évidemment se plaindre puisqu'ils n'ont pas pu compter sur les biens ainsi soustraits à leur action ; mais elle ne serait pas opposable aux créanciers postérieurs à la libéralité qui ont dû tenir compte de ces biens pour apprécier la solvabilité du donataire avec lequel ils ont contracté. — Cette insaisissabilité peut même exister indépendamment de toute clause expresse, et par interprétation de la volonté du disposant, lorsque la libéralité est faite à titre d'aliments.

II. — Le principe posé dans l'art. 2092 reçoit encore des restrictions en ce qui concerne l'application de l'action paulienne et l'exercice par les créanciers des droits de leur débiteur. Sans parler, en effet, des droits purement moraux appartenant à ce dernier, et qui ne sont pas, à vrai dire, dans son patrimoine, *in bonis*, il existe certains droits qui, bien que présentant à certains égards un intérêt pécuniaire, sont soustraits à leur action, en ce sens qu'ils ne peuvent ni les exercer au nom du débiteur et à son défaut, ni révoquer l'aliénation qu'il en aurait faite à leur préjudice. Ce sont *les droits exclusivement attachés à la personne*. Les auteurs sont loin d'être d'accord sur les caractères distinctifs de ces droits et sur la classification qui doit en être faite. Mais, malgré les controverses qui s'agitent sur certaines espèces particulières, on s'accorde généralement à ranger dans cette catégorie les droits qui, tout en engageant un intérêt pécuniaire, offrent un caractère moral dominant : ainsi, le droit de révoquer une donation pour cause d'ingratitude, et tous les droits qui se rattachent à un droit de famille, tels que le droit de demander la séparation de biens, d'intenter l'action en désaveu.

SECTION III.

MODE DE PAYEMENT DES CRÉANCIERS. — VENTE DES BIENS.

Le but auquel tendent les poursuites des créanciers sur les biens de leur débiteur, c'est d'obtenir leur payement. Les diverses voies d'exécution que nous venons d'examiner n'ont rien de définitif, elles ne sont que des mesures préparatoires, des préliminaires indispensables pour arriver à former la masse active sur laquelle ils viendront se payer.

La saisie, pratiquée sur les objets qui composent le patrimoine du débiteur, ne leur confère pas, en effet, l'attribution de ces objets en nature, et ne leur permet pas de se désintéresser sur ces biens au moyen d'une dation en payement. C'est seulement sur le prix de vente de ces biens qu'ils peuvent réclamer leur payement. Il faudra donc procéder à la vente du patrimoine en suivant les formes prescrites par la loi, c'est-à-dire au moyen d'une adjudication publique. Afin de protéger le débiteur contre les surprises possibles, le législateur écarte, en effet, avec un soin égal, la vente volontaire et la dation en payement; il soumet l'expropriation de ses biens à des formalités et à des délais destinés à prévenir le danger d'une trop grande précipitation, et à donner plus de publicité à la vente.

Cependant, cette règle reçoit exception relativement à certaines espèces de biens qui passent directement et en nature dans le patrimoine du saisissant. C'est ainsi que l'on admet généralement que le jugement de validité d'une saisie-arrêt, pratiquée sur une créance de somme d'argent opère au profit du saisissant appropriation de cette créance. Les sommes saisies-arrêtées passent sur la tête du saisissant auquel le jugement les attribue, comme elles y seraient passées si le débiteur, acquiesçant à la saisie, lui eût consenti une délégation sur ces mêmes sommes; le jugement opère un transport, une cession de la créance au profit du saisissant qui la reçoit en payement, sans être tenu de procéder préalablement à la vente. Toutefois, nous croyons que le créancier aurait le droit de vendre en justice cette créance, de même que les objets corporels, pour se payer sur le prix, s'il y avait intérêt, par exemple, si elle était à terme, afin d'obtenir un payement immédiat (1).

SECTION IV.

RÉPARTITION DES DENIERS. — DISTRIBUTION PAR CONTRIBUTION.

§ 1. — *Principe de la contribution.*

La vente des biens opérée sur la poursuite de l'un des créanciers, ne confère pas à ce créancier un droit exclusif aux deniers qui en proviennent. Les biens du débiteur sont en effet le *gage commun* de tous ses créanciers (art. 2093), et sont affectés à la garantie de *tous* ses engagements. L'expropriation de ces biens n'opère pas l'extinction de leur

(1) Comp.: Paris, 5 août 1842; Paris, 24 juin 1851.

gage, elle le transporte sur le prix qui se substitue ainsi aux objets vendus et demeure affecté au payement de tous ses créanciers.

Mais la déconfiture supposant nécessairement l'insuffisance des biens, sur qui retombera le préjudice qui doit en résulter? Comment régler la perte occasionnée par l'impuissance du débiteur à faire face à ses engagements?

Le principe dont toute législation doit s'inspirer et qui doit être la règle du concours, c'est celui de l'égalité entre les créanciers, qui a été consacré par l'art. 2093. Tous ils ont en effet des droits de même nature, sinon de même étendue : tous ils viennent au même titre et en se fondant sur le même principe, sur le droit de gage général qui garantit leurs créances. L'équité exigeait donc qu'on répartît le préjudice entre tous les créanciers, de manière que tous y contribuassent d'une manière égale et dans la proportion de leurs créances respectives. Chacun d'eux ne pouvant obtenir un désintéressement complet, devra se contenter d'un dividende : les deniers se distribueront au prorata des créances. C'est cette distribution proportionnelle que le Code appelle *distribution par contribution*, et la pratique, simplement *contribution*.

La disposition finale de l'art. 2093 consacre une dérogation importante au principe de l'égalité entre les créanciers : c'est celle qui résulte de l'existence de causes de préférence au profit de quelques-uns d'entre eux. Il sera, en effet, extrêmement rare en pratique, que tous les créanciers aient un droit égal : à côté des créances chirographaires, garanties seulement par le droit de gage général et indéterminé que nous avons étudié, il existera presque toujours d'autres créances plus énergiquement protégées, soit que le législateur, par une faveur spéciale accordée à certaines personnes éminemment dignes d'intérêt, ait muni leur droit d'un privilége ou d'une hypothèque, soit que le créancier ait lui-même stipulé ces garanties particulières dans le contrat.

L'effet de ces priviléges et de ces hypothèques est de conférer aux créanciers qui en sont investis, un droit de préférence à l'égard des créanciers purs et simples, et de leur permettre d'écarter le concours de ces derniers sur le prix des biens spécialement affectés à leur garantie. Ainsi, s'il s'agit de priviléges portant sur des meubles, le créancier qui en est nanti a le droit de prélever avant toute distribution, le montant intégral de sa créance, sur le prix des biens grevés de son privilége, et ce n'est que sur l'excédant resté libre que les autres créanciers pourront réclamer le dividende afférent à leur créance.

L'existence de ces causes de préférence sur les immeubles a, en outre, pour conséquence, de donner lieu à une procédure spéciale appelée *procédure d'ordre*, destinée à répartir entre les créanciers privilégiés et hypothécaires, les deniers provenant de la vente de ces biens, suivant un *ordre* déterminé, soit par le rang des inscriptions, s'il s'agit d'hypothèques, soit par la qualité de chaque créance, s'il s'agit de priviléges.

Nous n'aurons pas à entrer dans l'étude de la procédure d'ordre en elle-même, c'est-à-dire, dans l'examen des règles qui gouvernent le concours des créanciers privilégiés ou hypothécaires entre eux. Cette procédure est en effet étrangère à la théorie de la déconfiture, aux conséquences de laquelle elle a pour but de soustraire ces créanciers en faisant abstraction en leur faveur des autres créanciers. En tant qu'ils sont couverts par leur gage spécial, en tant que leur payement à l'ordre leur assure un payement intégral, la déconfiture n'existe pas à l'égard de ces créanciers privilégiés; ils n'en subissent les conséquences que lorsque l'insuffisance de ces sûretés particulières ne leur permet pas d'obtenir un complet désintéressement à *l'ordre*, et les réduit à prendre part à la *contribution*, en vertu du droit commun.

§ 2. — *Sur quels biens s'exerce la contribution.*

Le principe est posé par les art. 2092 et 2093, *tous les biens du débiteur* forment le gage de ses créanciers, et le prix s'en distribue entre eux par contribution. Il n'y a donc pas à distinguer en principe suivant la nature mobilière ou immobilière, corporelle ou incorporelle de ses biens : tout son patrimoine indistinctement répond de l'exécution de ses engagements; il n'y a même pas à rechercher l'époque à laquelle ces biens ont été acquis : l'art. 2092 le déclare formellement et fait porter la contribution sur *tous les biens présents et à venir du débiteur*. Il n'y aura pas à se préoccuper davantage de la manière dont ces biens ont été acquis, à titre gratuit ou à titre onéreux, par succession, donation ou autrement.

Cependant ce principe peut être modifié en ce qui concerne les biens acquis par succession : ces biens peuvent être soustraits à l'action et au droit de gage des créanciers, par suite d'une faveur spéciale accordée aux créanciers personnels du défunt : nous voulons parler du bénéfice de la *séparation des patrimoines*, c'est-à-dire de la faculté accordée aux créanciers héréditaires de s'opposer à la confusion du patrimoine du défunt avec celui de l'héritier, et d'écarter le concours des créanciers de ce dernier sur les biens de la succession. A un moment où tout doit être définitivement fixé, où la mort de leur débiteur, en rassurant les créanciers contre l'abus qu'il pouvait faire de sa gestion pour augmenter son passif ou diminuer son actif, doit arrêter irrévocablement la consistance de leur gage et les soustraire à toute cause ultérieure de perte, il était à craindre que l'espoir qu'ils avaient fondé sur la suffisance de leur gage pour obtenir un complet désintéressement, ne fût déçu par suite du concours des créanciers d'un héritier insolvable. C'est contre ce danger que l'art. 878 du Code civil a voulu les garantir : la séparation des patrimoines rétablit les choses dans l'état où elles se trouvaient au moment de la mort de leur débiteur; elle empêche la confusion de s'opérer et soustrait le patrimoine du défunt à l'action des créanciers de l'héritier.

Au reste, la séparation du patrimoine n'établit elle-même qu'un droit de préférence au profit des créanciers héréditaires : les biens de la succession ne sont soustraits au gage des créanciers de l'héritier qu'à l'égard de ceux du défunt et jusqu'à concurrence des dettes qui grevaient l'hérédité : l'excédant qui reste libre après le payement de ces dettes, redevient leur gage. Bien plus, les effets de cette séparation ne se produisent qu'à l'égard des créanciers héréditaires qui l'invoquent, et le droit de préférence qu'elle confère à ces derniers n'excède pas le montant du dividende afférent à leur créance : le surplus est affecté au gage commun des deux classes de créanciers indistinctement.

Enfin, l'application de la distribution par contribution peut encore être restreinte, nous l'avons vu, par suite de l'existence de priviléges ou d'hypothèques sur les immeubles. L'existence de ces causes de préférence a pour effet de faire deux masses du patrimoine, la *masse mobilière* soumise à la distribution par contribution, et la *masse immobilière* qui se répartit par la voie de l'ordre; mais cette procédure spéciale n'ayant pour but que de sanctionner le droit de préférence résultant de ces priviléges et hypothèques, cesse après le désintéressement des créanciers qui en sont nantis : l'excédant des deniers resté libre tombe dans la contribution.

§ 3. — *Quels créanciers peuvent figurer à la contribution.*

Le droit de prendre part à la distribution des sommes produites par les saisies appartient indistinctement à tout créancier.

I. — Il n'y a pas à distinguer à cet égard, suivant que la créance est pure et simple ou à terme ; nous savons en effet que le créancier à terme recouvre, par la déconfiture, l'exercice immédiat de son action : il peut donc se présenter à la distribution par contribution et réclamer le payement de ce qui lui est dû, au même titre que les créanciers dont le droit est échu.

II. — Mais si la déconfiture efface le terme, il n'en pouvait évidemment être de même de la condition : avant l'arrivée de l'événement auquel est subordonnée la créance conditionnelle, on ne sait pas encore s'il sera jamais dû quelque chose ; aussi la déconfiture du débiteur n'autorise-t-elle pas les créanciers conditionnels à procéder à l'exécution sur les biens avant la réalisation de la condition, ni à réclamer un payement immédiat et définitif à la contribution. Fallait-il donc les obliger à assister, spectateurs impassibles, à la dispersion de leur gage, et à attendre qu'il ne restât plus rien au débiteur? Il n'en pouvait être ainsi, et la loi leur a permis de demander une collocation seulement éventuelle mais immédiate à la contribution ; lors de la répartition des deniers, on devra compter les créanciers conditionnels comme les autres créanciers, et leur faire leur part : cette part pourra leur être remise, moyennant caution de la restituer à la masse, si la condition venait ensuite à défaillir, ou bien être déposée à la caisse des dépôts et consignations pour être touchée par eux si la condition se réalisait : l'un ou l'autre de ces modes sera préféré, suivant que l'on aura plus ou moins de confiance en leur solvabilité, ou que l'arrivée de la condition sera plus ou moins probable.

III. — Le droit de prendre part à la contribution appartient non-seulement aux créanciers chirographaires et aux créanciers privilégiés sur les meubles, mais encore aux créanciers munis d'hypothèques et de priviléges immobiliers. Quelle que soit la garantie spéciale dont ils sont nantis, ils ne sont pas pour cela privés des avantages que le droit commun assure à tous les créanciers : la sûreté spéciale dont ils jouissent et qui leur donne le droit de prendre part à la procédure d'ordre, ne leur enlève pas la garantie générale, le droit de gage légal qui appartient aux créanciers ordinaires et qui se résume dans le droit de figurer à la contribution. Les créanciers privilégiés ou hypothécaires ont donc deux titres distincts : l'un qui leur est particulier et qui leur permet d'obtenir une collocation sur le prix des immeubles affectés à leur garantie ; l'autre qui est le titre commun de tous les créanciers et qui leur permet d'obtenir un dividende dans la contribution, soit pour la portion de leur créance restée impayée dans l'ordre, soit pour l'intégralité de leur créance si la distribution précède l'ordre.

Mais s'ils invoquent le droit commun pour venir à la contribution, ils ne peuvent y prendre part qu'au même titre que les créanciers ordinaires, et ne peuvent notamment se prévaloir à l'égard de ces derniers, des droits de préférence qui leur appartiennent sur le prix des immeubles.

IV. — Mais si la masse chirographaire est obligée de subir le concours des créanciers privilégiés ou hypothécaires, le payement partiel qu'elle leur procure est-il définitif, ou n'est-ce qu'une avance qu'elle fait à la masse hypothécaire pour le dividende afférent aux sommes efficacement garanties par l'*ordre*, avance qui devra lui être remboursée? En d'autres termes, les créanciers hypothécaires (et ce que nous dirons de ces créanciers s'appliquera également aux créanciers munis de priviléges immobiliers) peuvent-ils à leur choix faire supporter leur payement aux biens hypothéqués ou aux biens libres, ou ne doivent-ils produire à la contribution que pour le montant de leur créance qui restera impayée dans l'ordre?

Ce qui fait la difficulté en cette matière, c'est que la loi n'a pas déterminé l'ordre à suivre entre ces deux modes de répartition, et que ce rang peut modifier la situation respective des deux classes de créanciers. — Supposons que l'*ordre* ait précédé : les créanciers hypothécaires s'y feront colloquer et obtiendront leur payement suivant l'ordre de leurs créances; quant aux créanciers qui ne seront pas complétement désintéressés, ils produiront à la contribution : la masse chirographaire ne sera donc grevée des dettes hypothécaires que pour la différence entre le montant de ces dettes et la valeur des biens hypothéqués. — Supposons au contraire que l'on procède d'abord à la *contribution :* si l'on admet les créanciers hypothécaires à se faire payer définitivement sur la masse chirographaire, les sommes qu'ils y recueilleront venant en déduction de leur créance, dégrèveront d'autant les biens hypothéqués, qui ne resteront chargés que de l'excédant de leur créance, de sorte que les créanciers hypothécaires les derniers inscrits qui n'eussent pu rien toucher à l'*ordre*, ou du moins n'y eussent obtenu qu'un payement partiel, vont être désintéressés, ou en tous cas recevront un payement plus complet. Or, il est facile de voir que ce résultat, ce bénéfice n'est obtenu qu'aux dépens de la masse chirographaire qui a contribué à payer et à éteindre une partie des créances qui empêchaient les dernières hypothèques de venir en ordre utile. Et à quoi tient ce résultat? Uniquement à cette circonstance que la distribution par contribution a précédé la procédure d'ordre, c'est-à-dire à une circonstance purement fortuite et accidentelle, si tant est que l'on ne puisse pas l'attribuer à la fraude des créanciers hypothécaires et aux manœuvres dont ils auraient usé pour retarder le règlement de l'ordre!

Au cas de faillite, le législateur a prévu la question et l'a résolue de manière à rendre la situation respective des créanciers indépendante de l'ordre suivi dans ces deux modes de répartition de deniers. « Après la vente des im-
» meubles et le règlement définitif de l'ordre entre les
» créanciers hypothécaires et privilégiés, ceux d'entre eux
» qui viendront en ordre utile sur le prix des immeubles
» pour la totalité de leurs créances ne toucheront le mon-
» tant de leur collocation hypothécaire que sous la déduction
» des sommes par eux perçues dans la masse chirographaire.
» — *Les sommes ainsi déduites ne resteront point dans*
» *la masse hypothécaire, mais retourneront à la masse*
» *chirographaire, au profit de laquelle il en sera fait*
» *distraction.* » (Art. 554, C. com.) Ainsi, les créanciers hypothécaires du failli pourront se faire colloquer à la contribution pour tout le montant de leurs créances; mais cette collocation ne sera que *provisoire;* le droit de figurer

à la contribution ne sera que subsidiaire, et le dividende qu'ils y obtiendront en déduction de leur créance ne constituera qu'une avance pour toute la partie de leur créance garantie par l'hypothèque, avance qui devra être restituée à la masse chirographaire, au lieu d'enrichir la masse hypothécaire : quel que soit donc l'ordre suivi en réalité, la situation des créanciers sera la même que si la procédure d'ordre avait précédé la contribution.

Ce système est assurément préférable à celui qui ferait dépendre la condition des créanciers d'une circonstance due au hasard ou à la fraude : aussi les auteurs et les arrêts sont-ils généralement d'accord pour généraliser cette solution et l'appliquer au cas de déconfiture. Nous ne croyons pas cependant devoir nous ranger à cette opinion qui nous semble déterminée bien plus par une considération d'équité et d'intérêt pratique que par une application logique des principes, et nous croyons que l'on doit admettre à la contribution tous les créanciers indistinctement, sans tenir compte des hypothèques qui peuvent appartenir à quelques-uns d'entre eux. La constitution d'une hypothèque ou de tout autre droit réel n'est pas en effet la substitution, mais l'addition d'une sûreté à une autre; elle n'a pas pour effet de diminuer ou d'altérer le droit de gage général conféré par le droit commun : il y a là deux droits parfaitement distincts, deux droits principaux, et non pas un droit principal et un droit subsidiaire, puisque la loi n'a subordonné aucun de ces droits à l'autre, et si l'un de ces droits devait être considéré comme subsidiaire par rapport à l'autre, il nous semble qu'on devrait le décider de préférence à l'égard de la sûreté spéciale que le créancier n'a exigée que pour suppléer à l'insuffisance du droit de gage général. La disposition de l'art. 554 du Code de commerce constitue donc une dérogation aux principes généraux, et à ce titre, elle ne saurait être étendue en dehors du cas spécial pour lequel elle a été édictée. — Sans doute, notre système amènera ce résultat bizarre qu'une circonstance insignifiante en soi pourra favoriser une classe de créanciers aux dépens des autres; mais y a-t-il lieu de s'étonner de rencontrer quelques résultats étranges dans une matière qui n'a reçu qu'une réglementation si incomplète? Et d'ailleurs, qu'y a-t-il d'injuste à favoriser les créanciers vigilants qui se sont efforcés de se prémunir d'avance contre toute chance de perte? Aussi, s'il y a une réforme à faire en cette matière, nous croyons qu'on devra prendre le contrepied de l'art. 554, et régler le sort des créanciers de manière à attribuer en tous cas à la masse hypothécaire les mêmes droits que si la distribution par contribution avait précédé la procédure d'ordre.

V. — Le créancier, porteur d'engagements solidaires dont les débiteurs sont en déconfiture, peut-il figurer à chaque contribution pour la valeur nominale de son titre, jusqu'à parfait payement et sans aucune déduction à raison des dividendes déjà touchés dans les autres contributions? Faut-il, en d'autres termes, appliquer en matière de déconfiture l'art. 542 du Code de commerce, comme une disposition dérivant des règles générales qui gouvernent la solidarité, ou n'y fait-il voir qu'une disposition exceptionnelle résultant des principes spéciaux de la faillite?

Des jurisconsultes éminents, notamment M. Larombière, appliquent cette disposition en toute matière : « Ces sages dispositions, dit-il, expression du droit commun, doivent être appliquées en matière civile; elles ne sont, en effet, que la conséquence de ce principe, que chaque coobligé solidaire est tenu de la totalité. Si le créancier ne figurait pas dans chaque distribution par contribution pour la valeur nominale de son titre, et si sa créance était diminuée successivement de chaque dividende alloué, il en résulterait que le créancier perdrait, dans tous les cas, une partie de sa créance, puisque dans la dernière distribution, si avantageuse qu'elle fût, il n'arriverait jamais à un payement intégral, et serait ainsi privé des garanties que lui donne la solidarité; car, si chaque débiteur est réputé seul et unique débiteur du total, ce n'est évidemment que pour mieux assurer l'intégralité de son payement, au moyen de cette responsabilité réciproque et mutuelle des insolvabilités de la part des codébiteurs entre eux (1). »

Un passage de l'*Exposé des motifs,* par M. Tarrible, paraît, en effet, confirmer cette doctrine : « *Ces dispositions,* disait cet orateur, *puisées dans les principes élémentaires et immuables du droit civil, s'appliquent à toutes les matières et à tous les cas...* (2) »

Cependant, nous n'admettrons pas ce système, et nous croyons que la disposition de l'art. 542 doit être restreinte à l'hypothèse spéciale pour laquelle elle a été édictée : non pas qu'il existe en matière de faillite des raisons particulières qui la justifient; l'art. 542, en effet, ne peut pas être justifié en droit; cette décision ne peut être fondée sur une base juridique, et il ne faut y voir qu'un expédient imaginé par le législateur dans le but de favoriser les créanciers porteurs d'engagements solidaires, si même elle n'est pas le résultat d'une erreur de sa part, comme sembleraient l'indiquer les paroles de M. Tarrible au Corps législatif. Toutes

(1) T. II, art. 1204, nos 5 et 6. — Comp.: Cass., 22 janvier 1840; Dall., v° *Faillite,* n° 1073; Renouard, *des Faillites,* t. II, p. 177; Bédarride, t. II, n° 863.

(2) Locré, *Lég. civ., commerc. et crim.*, t. XIX, p. 593.

les tentatives faites pour justifier en droit cette solution me semblent avoir échoué contre cette objection décisive, que *nul n'est créancier que de ce qui lui est dû*. Qu'on n'eût pas voulu obliger le créancier à considérer le dividende reçu comme éteignant sa créance en totalité, rien de plus juste et de plus conforme aux principes de la solidarité. Mais lui permettre de produire pour une somme supérieure à sa créance, c'est une injustice à l'encontre des autres créanciers, et c'est en même temps la violation des règles les plus élémentaires du droit.

Si, en effet, l'art. 1204 dispose que « *les poursuites faites contre l'un des débiteurs n'empêchent pas le créancier d'en exercer de pareilles contre les autres,* » ce n'est que sous cette condition, qui va de soi, que le créancier qui aura reçu de l'un de ses débiteurs son payement ne pourra plus poursuivre les autres si le payement a été total, et ne pourra les poursuivre que pour ce qui lui reste dû, si le payement a été partiel.

Telle est la règle résultant de la théorie de la solidarité : si le législateur a cru devoir y déroger au cas de faillite, cette exception ne saurait être étendue en matière civile : l'équité et les principes s'y opposent. La déconfiture des divers obligés solidaires ne donnera donc au créancier le droit de produire à chacune des contributions, que sous la déduction des sommes qu'il aura reçues (1).

VI. — Y a-t-il au cas de déconfiture recours des masses insolvables entre elles pour ce qui a été payé par l'un des débiteurs à la décharge de ses codébiteurs solidaires, ou faut-il étendre à cette matière la disposition de l'art. 543 du Code de commerce, qui refuse ce recours aux faillites des

(1) Voir en ce sens, Demol., *Traité des obl.*, t. III, n° 340.

coobligés ? Ainsi, si la contribution ouverte sur les biens de l'un des débiteurs a donné au créancier un dividende supérieur à la part de ce débiteur dans la dette solidaire, ce dernier, ou en son nom ses créanciers, pourra-t-il figurer aux contributions ouvertes sur ses coobligés, pour se faire indemniser de tout ce qu'il a payé au delà de sa part ?

La solution de cette question dépendra de celle que l'on aura adoptée sur la question précédente. Si l'on admet avec nous que l'art. 542 est inapplicable en matière civile, il faudra décider de même de l'art. 543 qui n'en est que le corollaire, et accorder aux coobligés insolvables le recours que leur refuse la loi commerciale. Si, en effet, tout recours est interdit aux faillites des coobligés les unes contre les autres, à raison des dividendes payés, c'est que le créancier ayant le droit de produire à chacune d'elles pour l'intégralité de son titre, ce recours aurait pour effet de faire figurer à la deuxième faillite une dette qui y figure déjà en totalité. Un tel résultat au contraire n'est pas à craindre en matière de déconfiture, si l'on admet que le créancier ne pourra se présenter successivement aux différentes contributions, que sous la déduction des sommes qu'il a déjà reçues. Le montant des deux collocations, c'est-à-dire l'excédant de la part contributoire du premier débiteur et la portion de la créance restée impayée dans la première contribution, égalera en effet la part contributoire du second. Concluons-en qu'on devra admettre à la contribution ouverte sur les biens d'un insolvable le coobligé solidaire, pour tout ce qu'il aura payé à la décharge de ce débiteur.

VII. — Il en sera de même de la caution qui a fait un payement partiel au créancier ; elle aura le droit de se présenter à la contribution pour le montant des sommes qu'elle a payées, et la collocation qu'elle y obtiendra sera même opposable à ce créancier, qui ne jouira à leur égard d'aucun droit de préférence. L'art. 544, qui accorde ce droit à la caution, au cas de faillite du débiteur principal, n'est, en effet, que l'application du droit commun, et ne déroge en rien à l'art. 1252 du Code civil, comme on l'a prétendu. Cette disposition, qui confère au créancier un droit de préférence à l'égard de la caution qui l'a payé partiellement, lorsque cette dernière se présente en vertu de la subrogation, est ici sans application, car la caution n'invoque pas la subrogation, mais un droit direct et personnel que lui confère le droit commun (1).

Nous avons vu, en outre, que lorsque le créancier néglige de se présenter à la contribution ouverte sur les biens de son débiteur, la caution peut s'y présenter même avant d'avoir payé le créancier (Voir p. 73).

Observation. — S'il est vrai qu'en principe *tous les biens* du débiteur sont le gage de *tous ses créanciers*, il faut se garder d'exagérer la portée de cette double règle : l'étude que nous avons faite des voies d'exécution nous a en effet révélé certains cas où, en dehors même de toute cause légitime de préférence, ce principe reçoit atteinte par suite de l'individualité des poursuites et de la limitation de leur effet à l'égard de ceux qui les ont exercées. Il en résulte qu'à côté de la contribution générale ouverte à tous les créanciers indistinctement, la déconfiture pourra donner lieu à des contributions spéciales, restreintes à certains objets, et auxquelles seront admis seulement certains créanciers.

C'est ainsi que, suivant la doctrine que nous avons admise, l'action révocatoire ne fait rentrer les droits aliénés

(1) Voir en ce sens Demol., *Traité des obl.*, t. IV, nos 669-670.

par le débiteur que dans le gage des créanciers qui l'exercent et qui obtiennent la révocation. Ces biens ne peuvent être l'objet d'une distribution par contribution qu'à l'égard de ces créanciers qui ont recouvré sur eux leur droit de gage définitivement perdu pour les autres créanciers.

C'est ainsi encore que les saisissants seuls peuvent profiter des sommes consignées pour valider son acquisition, par le tiers acquéreur de l'immeuble saisi.

Enfin, en ce qui concerne la saisie-arrêt, nous avons vu, d'une part, que le jugement de validité confère aux saisissants un droit exclusif sur la créance, et d'autre part que le payement ou la cession faite de la créance ne pourront être attaqués que par les opposants antérieurs à ces actes. Les sommes saisies-arrêtées ne seront donc l'objet d'une distribution par contribution qu'à l'égard de ces derniers.

Ainsi le droit pour tous les créanciers de figurer à la distribution sur tous les biens du débiteur est subordonné à la condition que tous aient conservé sur ces biens leur droit de gage.

§ 4. — *A quelle condition les créanciers sont-ils admis à la contribution.*

I. — Le droit de prendre part à la distribution des deniers n'appartient qu'aux créanciers qui le demandent. Si, en effet, les biens du débiteur sont le *gage commun* de tous les créanciers, il faut remarquer que ce droit de gage général, de même que le droit de gage spécial créé par la convention, est indivisible : chacun des créanciers jouit donc de ce droit de gage pour la garantie de *toute sa créance.* La déconfiture n'a pas pour effet, comme la faillite, de réduire le droit des créanciers à un simple dividende déterminé par le montant des dettes réunies du débiteur, et ce n'est que le concours des créanciers qui demandent leur collocation à la contribution qui y limite les droits de chacun.

De quelque manière que se fasse la distribution par contribution, à l'amiable ou en justice, si quelque créancier s'abstient d'y faire valoir son droit, on passera outre au partage des deniers sans lui réserver sa part : les autres créanciers peuvent, en effet, ignorer son existence, car il n'y a pas en matière de déconfiture dépôt par le débiteur d'un bilan qui fasse connaître l'état de sa situation, et, en tous cas, ils ne font qu'user de leur droit en exigeant le payement intégral de leur créance; ce payement absorbât-il donc tous les biens du débiteur, ne pourrait être critiqué : *Suum receperunt.*

Pour prévenir ce résultat et empêcher les créanciers qui n'ont pas pris part aux poursuites d'être surpris par la rapidité de la procédure de contribution qui peut être faite à l'amiable, la loi leur permet de s'assurer d'avance une place au concours, en dénonçant au saisissant leur intention d'y prendre part. Ils peuvent former *opposition* entre les mains du saisissant ou de l'officier public chargé de la vente, et leur signifier une défense de procéder à la distribution des deniers en dehors de leur présence. Cet acte, qui pose leurs prétentions en face des droits des saisissants, oblige ces derniers à tenir compte de leurs créances : une fois l'opposition formée, le créancier est certain qu'il sera appelé à la distribution par contribution.

Au reste, cet acte ne constitue qu'une mesure de précaution offerte aux créanciers, et à laquelle ils ne sont pas obligés de recourir. Le défaut d'opposition de leur part ne les exclut pas de la contribution ouverte sur les biens de leur débiteur : ils ne seront pas appelés, sommés de produire, et courront ainsi le risque d'ignorer l'ouverture de la contribution; mais ils peuvent s'y présenter spontanément et réclamer une collocation au moment de la répartition des deniers : s'ils se présentent à temps, ils devront être admis à prendre leur part de ces deniers comme les créanciers qui ont été avertis par des sommations.

II. — Jusqu'à quel moment les créanciers seront-ils admis à produire à la contribution?

Si le saisi et les opposants s'entendent, la distribution par contribution aura lieu à l'amiable. Toute opposition postérieure à cet accord serait nulle, alors même que le notaire ou l'officier public chargé de la vente serait encore dépositaire des deniers. Le contrat intervenu vaut attribution de ces deniers à chacun des créanciers colloqués.

Si la contribution a lieu en justice, la loi a imposé aux créanciers opposants, c'est-à-dire à ceux qui se sont joints aux poursuites, l'obligation de se présenter dans le mois de la sommation qui leur est faite, sous peine de forclusion (art. 660, C. pr.); mais elle ne parle pas des créanciers non opposants : seront-ils donc soumis à la même forclusion et à l'obligation de produire leurs titres dans le même délai? — Bien qu'il puisse paraître singulier au premier abord d'accorder aux créanciers qui, par négligence peut-être, ne se sont pas fait connaître, un délai plus long qu'aux créanciers diligents, on décide généralement que cette disposition ne leur est pas opposable, et on les admet à produire tant que le prix à distribuer reste la propriété du saisi, c'est-à-dire jusqu'à la clôture du procès-verbal, qui seule constitue l'attribution des deniers aux créanciers : jusque-là, en effet, rien n'est définitif. — Cette solution et cette différence entre les créanciers opposants et les créanciers non opposants se justifient parfaitement : les premiers ayant été invités à se présenter, ne peuvent plus alléguer leur ignorance; s'ils tardent à produire leurs titres, c'est par une négligence dont ils doivent subir les conséquences; les autres, au contraire, sont restés étrangers aux poursuites; ils n'ont pas été avertis : peut-être ignoraient-ils la situation de leur débiteur et les saisies dont ses biens étaient l'objet : leur silence peut être exempt de faute et de négligence.

III. — Il importe, en effet, de faire observer que la loi n'a pris aucune mesure pour porter à la connaissance des intéressés les poursuites exercées sur l'initiative des créanciers plus diligents, et leur permettre de faire valoir leurs droits en temps utile.

C'est ainsi, notamment, que la saisie-arrêt qui est le mode d'exécution auquel les créanciers recourront de préférence parce qu'il n'aboutit pas, comme la saisie des biens corporels, à des ventes à vil prix, n'est accompagnée d'aucune espèce de publicité. Tout se passera silencieusement et pour ainsi dire à huis clos, entre le saisissant, le tiers saisi et le débiteur, sans qu'aucun signe extérieur vienne éveiller l'attention des autres créanciers et leur donner l'alarme : une simple instance en validité de la saisie-arrêt consommera l'attribution de la créance au saisissant, sans qu'un délai quelconque opposé à l'empressement de ce dernier, leur ait permis de se reconnaître et de se joindre à la saisie.

Quant aux poursuites exercées sur les meubles ou les immeubles, il est vrai que la vente à laquelle elles donnent lieu leur procurera en fait une certaine publicité; mais l'efficacité de cette publicité à l'égard des créanciers se ressentira fatalement du but spécial dans lequel elle a été organisée : exigée exclusivement dans l'intérêt de la vente et en vue d'attirer les acheteurs aux enchères, elle ne consiste qu'en placards apposés sur les lieux de la vente et en insertions dans les journaux de la localité, et encore quand il s'agit de ventes mobilières, la loi ne prescrit-elle l'apposition de ces placards que quatre jours avant la vente.

Il est vrai que quant aux immeubles, la publicité sera plus étendue et plus effective; mais si elle avertit les créanciers voisins du débiteur, elle restera toujours illusoire à l'égard des créanciers qui résideront loin de son domicile. Ajoutons qu'en ce qui concerne la vente des immeubles, les conditions de publicité établies par la loi, ne présenteront la plupart du temps pour les créanciers que peu d'utilité; on sait, en effet, qu'en matière de saisie immobilière, la répartition des deniers se fait par voie d'ordre et non par contribution, à moins que l'on ne se trouve dans le cas tout exceptionnel où il n'existerait sur l'immeuble saisi, ni privilége, ni hypothèque.

Bien plus, non-seulement la loi n'organise pas dans l'intérêt des créanciers un système de publicité qui les mette à même de faire valoir à temps leurs droits, mais elle n'assujettit même pas la distribution des deniers à des délais destinés à prévenir les surprises résultant de la précipitation intéressée des saisissants et des opposants. C'est ainsi que la distribution par contribution peut se faire à l'amiable immédiatement après la vente, sans qu'il y ait à tenir compte des créanciers qui ne se sont pas fait connaître légalement par des oppositions, et quelle que soit la cause qui les a empêchés de se présenter.

§ 5. — *Effets de la distribution par contribution, au point de vue de l'extinction de la dette. — Des cessions de biens. — Des remises de dettes.*

I. — La distribution par contribution n'opère la libération du débiteur que dans la mesure du payement qu'elle procure aux créanciers. Si, en effet, dans leurs rapports entre eux, les créanciers sont obligés de se contenter d'un payement partiel, ce n'est là qu'une nécessité de fait résultant de l'insuffisance de leur gage. Mais à l'égard du débiteur, chacun d'eux conserve, malgré la déconfiture, son droit à un payement intégral. S'il survient de nouveaux biens à l'insolvable, ils peuvent de nouveau les saisir au fur et à mesure qu'ils entrent dans son patrimoine, et en vertu de leur droit de gage qui, aux termes de l'art. 2092, porte sur tous les biens présents et à venir.

II. — Il en serait ainsi alors même que le débiteur aurait été admis à la *cession de biens,* c'est-à-dire aurait abandonné tous ses biens aux créanciers en payement de sa dette. La cession de biens ne constitue pas, à proprement parler, un mode d'extinction des obligations. Tout son effet consistera à empêcher les créanciers de poursuivre le débiteur personnellement sur les biens cédés; mais elle n'opère sa libération que jusqu'à concurrence de la valeur de ces biens. Dès qu'il en acquerra de nouveaux, la possibilité de nouvelles poursuites renaîtra. — Au reste, ce bénéfice accordé aux débiteurs malheureux et de bonne foi, en vue de les soustraire aux rigueurs de la contrainte par corps, n'a plus d'application dans notre droit depuis la loi du 22 juillet 1867 qui a aboli ce mode d'exécution sur la personne en matière civile. Car si la contrainte par corps a été maintenue en matière criminelle correctionnelle et de simple police, la nature de la dette, née d'une condamnation pénale, sera forcément exclusive de la condition de malheur et de bonne foi, que le législateur exige chez le débiteur pour l'admettre à la cession de biens judiciaire.

III. — Sans doute, il est permis aux parties de faire ensemble telles conventions qu'il leur plaira, et de modifier ainsi la situation qui leur est faite par la loi. C'est ainsi que les créanciers pourront accepter une cession de biens volontaire, dont les effets seront déterminés *par les stipulations mêmes du contrat passé entre eux et le débiteur* (art. 1267, C. civ.). Ainsi, ce contrat pourra avoir pour objet, soit de faire remise au débiteur de tout ce qui restera dû aux créanciers après qu'ils auront reçu le prix de ses biens, soit de lui accorder des délais, soit même simplement de soumettre la liquidation de son patrimoine à des formalités plus expéditives et moins dispendieuses. Mais quelle qu'en soit l'étendue, cette convention n'aura d'effet qu'à l'égard des créanciers qui y auront adhéré, de même que la cession de biens judiciaire n'était opposable qu'à ceux des créanciers qui avaient été appelés en cause. C'est là une conséquence de l'art. 1165, d'après lequel « *les conventions n'ont d'effet qu'entre les parties contractantes; elles ne nuisent point aux tiers.* » On ne trouve point, en effet, en matière de déconfiture, d'institution analogue à celle du concordat, qui permette d'imposer à une minorité, si faible qu'elle soit, les résolutions adoptées par la majorité, quelque avantage qu'il pût d'ailleurs en résulter pour les créanciers : un concordat ne pourrait être homologué en justice avec les créanciers refusants; il ne pourrait être fait qu'à l'unanimité des voix. Cette solution a cependant été contestée : on a voulu généraliser l'application de cette institution et l'étendre en matière civile; mais cette doctrine est aujourd'hui universellement abandonnée. Cette dérogation au droit commun ne se justifie, en effet, que par des raisons spéciales au commerce, et à ce titre, elle doit être restreinte à l'hypothèse spéciale pour laquelle elle a été établie.

Au reste, si une remise avait été accordée, elle porterait sur la dette elle-même; elle serait faite *in rem*, et pourrait notamment être invoquée par les fidéjusseurs.

CHAPITRE IV.

Appréciation de la législation sur la déconfiture. — Comparaison de la déconfiture avec la faillite.

Dans le cours des explications que nous venons de présenter sur les suites de la déconfiture, nous avons déjà eu, à diverses reprises, à nous occuper incidemment de l'institution analogue organisée par le Code de commerce sous le nom de faillite, soit pour lui emprunter quelques-unes de ses applications, soit, au contraire, pour écarter certaines de ses conséquences que l'on avait tenté de transporter en notre matière.

Avant de terminer cette étude, il nous semble nécessaire de rapprocher ces deux institutions dans leur ensemble et d'en tracer un tableau qui permette de saisir plus facilement leurs différents points de divergence ou de contact : ce rapprochement nous permettra en outre d'apprécier plus exactement la valeur propre et respective de chacune de ces législations, les améliorations dont le régime de la déconfiture est susceptible, et les emprunts qui pourraient utilement être faits à la législation des faillites.

Dès le premier abord, ce qui frappe dans l'étude de la déconfiture, c'est l'insuffisance des textes qui la régissent, et le silence presque complet du législateur sur cette importante matière : à peine est-il question de la déconfiture dans quelques textes isolés de nos Codes, et ce n'est qu'en réunissant ces dispositions éparses, en les rapprochant de certaines autres dispositions de la loi qu'il est possible de résoudre les différentes questions que soulève en pratique l'opposition des divers intérêts engagés dans la déconfiture. Ces lacunes, ce défaut d'organisation devaient fatalement amener en cette matière des obscurités, des incertitudes : aussi avons-nous trouvé les questions les plus importantes livrées aux interprétations contradictoires des auteurs et des arrêts : c'est ainsi notamment que dès le début nous nous sommes trouvé en présence des controverses les plus vives engagées sur la nature même et les caractères de la déconfiture. Si nous considérons au contraire les dispositions qui réglementent l'insolvabilité du commerçant, la faillite se présente à nous comme un système bien arrêté, bien défini, avec un ensemble de règles claires, précises et bien ordonnées, formulées dans des textes décisifs qui ne laissent aucune place aux incertitudes et aux caprices de l'interprétation.

Nous allons examiner parallèlement ces deux régimes, en comparant les mesures prises par chacune des législations pour sauvegarder les divers intérêts qui se trouvent en présence. Or, toute insolvabilité met en jeu trois intérêts distincts : celui des créanciers, soit dans leurs rapports entre eux, soit dans leurs rapports avec le débiteur; celui du débiteur lui-même à l'égard duquel on ne pourrait se départir des règles de l'humanité, et enfin celui de la société intéressée à l'exact accomplissement des engagements et à la répression de toutes espèces de fraudes.

§ 1. — *Mesures destinées à maintenir l'égalité entre les créanciers.*

I. — Après avoir posé dans les art. 2092 et 2093 le principe de l'égalité entre les créanciers, comme la règle fondamentale de la déconfiture, le législateur ne s'est pas suffisamment préoccupé de maintenir ce principe dans l'application, et de le protéger contre toutes les circonstances de nature à y porter atteinte.

a) Ainsi, une première cause d'inégalité peut résulter de l'effet de la chose jugée ; l'état de déconfiture, avons-nous vu, n'est pas l'objet d'une déclaration judiciaire unique et générale ayant force de chose jugée à l'égard de tous les intéressés : c'est ainsi qu'elle pourra être reconnue à l'égard de tels créanciers sans l'être à l'égard de tels autres, et il ne sera pas impossible de voir, de plusieurs personnes agissant soit simultanément soit successivement, pour invoquer les effets attachés à la déconfiture, les unes réussir, et les autres succomber dans l'instance, parce qu'il aura été jugé à l'égard des uns qu'il y a déconfiture, et à l'égard des autres qu'il n'y a pas déconfiture : ce qui sera vrai pour les uns sera faux pour les autres. Qui ne voit que ce résultat, viole l'application du principe d'égalité, en établissant deux poids et deux mesures à l'égard de créanciers également dignes d'intérêt?

b) Une autre cause d'inégalité peut résulter de l'indifférence du législateur à l'égard des créanciers qu'un obstacle quelconque met dans l'impossibilité de faire valoir leurs droits. Au lieu de prendre en main les intérêts des créanciers, la loi laisse à chacun le soin d'agir quand il le veut et comme il le veut : *Jura vigilantibus succurrunt*, telle est la maxime qui domine cette matière et qui se substitue dans l'application au principe d'égalité, ainsi réduit à l'état de règle purement platonique et dépourvue de sanction : aucune mesure, en effet, n'a été édictée pour avertir les créanciers absents ou éloignés de l'état des affaires de leur débiteur ; aucun délai n'a été établi pour leur permettre de se présenter en temps utile : les créanciers présents, intéressés à éviter leur concours, peuvent agir précipitamment et s'entendre ensemble pour se partager les deniers à l'amiable, de sorte que la présence sur les lieux, la proximité des résidences peuvent amener dans les rapports des créanciers les inégalités les plus choquantes.

c) En outre, s'il est vrai qu'en principe la priorité des poursuites ne confère aucun droit de préférence, et que tout créancier peut figurer à la distribution des deniers réalisés par un autre, il est possible cependant que cette priorité établisse en fait une sorte de privilége illégitime, par suite de l'effet relatif des poursuites qui n'ont frappé les biens d'indisponibilité qu'à l'égard de ceux qui les ont exercées. C'est ainsi que nous avons décidé que si un transport-cession consenti par le débiteur à l'un de ses créanciers avait été à la fois précédé de saisies-arrêts de la part de certains créanciers, et suivi d'autres saisies-arrêts, les saisissants antérieurs ne devront pas avoir le même sort que les créanciers postérieurs. C'est ainsi encore que les sommes consignées ou payées au saisissant par l'acquéreur d'un immeuble saisi pour valider son acquisition, profiteront exclusivement au saisissant.

d) Bien qu'en principe les droits des créanciers soient indépendants de la date de leurs créances, cependant l'ordre des dates de leurs titres peut devenir une nouvelle cause d'inégalité en ce qui concerne l'application de l'action paulienne. Le bénéfice de cette action ne peut, en effet, appartenir, du moins suivant nous, qu'à ceux des créanciers dont le titre est antérieur à l'acte frauduleux, et nullement à ceux qui ont contracté après.

e) Enfin, le législateur ne s'est pas préoccupé de maintenir l'égalité à l'encontre de certains créanciers qui, de concert avec le débiteur, voudraient se créer une situation privilégiée et éviter toute contribution aux pertes résultant de la déconfiture. Quels que soient les actes par lesquels l'insolvable favorise l'un de ses créanciers aux dépens des autres, ces actes seront à l'abri de toute critique. C'est ainsi que le débiteur peut verser le dernier argent qui lui reste entre les mains de l'un de ses créanciers, auquel il s'intéresse, ou, s'il n'a pas d'argent, il peut, à la veille d'être saisi, lui donner des objets en nature ou les hypothéquer à la garantie de sa créance; l'action paulienne ne s'adresse jamais, en effet, au payement fait à un véritable créancier, le Code civil s'en tient à la vieille règle : *Sibi vigilaverunt, suum receperunt*. Les créanciers ainsi favorisés n'ont fait que recevoir ce qui leur était dû, ils ne doivent pas être recherchés en justice. Ainsi, une nouvelle atteinte à l'application du principe d'égalité peut résulter de la volonté du débiteur, parce que, au lieu de limiter en cas de déconfiture le droit de chacun des créanciers à un simple dividende, la loi leur conserve leur droit à un payement intégral, même dans leurs rapports entre eux.

Ainsi, en résumé, ce principe d'égalité proclamé en termes si formels et si absolus par l'art. 2093, cette règle si rationnelle et si conforme à l'équité qui doit assurer une condition égale à des créanciers également dignes d'intérêt, sera subordonnée dans l'application aux hasards de la procédure et aux caprices du débiteur, et le maintien n'en sera assuré qu'à condition que tous les créanciers se tiennent constamment au courant de la situation de leur débiteur, qu'ils ne se laissent pas surprendre par la rapidité des poursuites exercées par quelques-uns d'entre eux, et enfin que le débiteur le veuille bien !

II. — Si nous tournons les yeux vers la faillite, nous trouvons au contraire des mesures énergiques prises par la loi pour sauvegarder, dans la mesure du possible, l'égalité entre les créanciers.

a) La faillite est déclarée par un jugement unique qui peut être invoqué par tous les créanciers : il n'y aura donc plus à craindre la contrariété de décisions et l'inégalité qui en résulte dans la déconfiture ; ceux qui voudront invoquer l'une des applications de la faillite n'auront, en effet, pour faire valoir leurs droits, qu'à représenter l'expédition du jugement du tribunal de commerce qui la déclare.

b) Ce jugement déclaratif produit un effet remarquable au point de vue qui nous occupe : nous voulons parler du *dessaisissement* qui, en dépouillant le failli de l'administration et de la disposition de ses biens, l'empêche de favoriser l'un de ses créanciers aux dépens des autres, soit en lui faisant un payement complet ou anticipé, soit en lui accordant des sûretés spéciales : tous traités faits avec le failli postérieurement à son dessaisissement seront nuls à l'égard de la masse comme faits avec une personne incapable.

c) Bien plus, pour quelques-uns de ces actes qui ont pour but de rompre l'égalité, la loi n'a pas limité sa protection à la période postérieure au jugement : elle l'a étendue jusqu'à l'époque réelle de la cessation des payements. — Ainsi « *les payements faits par le débiteur pour dettes même échues, après la cessation des payements, pourront être annulés, si, de la part de ceux qui ont reçu du débiteur, ils ont eu lieu avec connaissance de la cessation de ses payements.* » (Art. 447, C. com.) — De même l'art. 446 déclare « *nuls et sans effet relativement à la masse, lorsqu'ils auront été faits par le débiteur depuis l'époque déterminée par le tribunal comme étant celle de la cessation de ses payements ou dans les dix jours qui l'ont précédée..., tous payements pour dettes non échues, et pour dettes échues, tous payements faits autrement qu'en espèces ou effets de commerce* (c'est-à-dire toute dation en payement); — *toute hypothèque conventionnelle ou judiciaire et tous droits d'antichrèse ou de nantissement constitués sur les biens du débiteur pour dettes antérieurement contractées.* »

Ces nullités sont la conséquence de l'extension du principe de l'action révocatoire aux rapports du débiteur avec les créanciers. Le législateur considère que par cela seul que le débiteur ne peut désintéresser tous ses créanciers, le droit de chacun d'eux se limite à un dividende. A partir de la cessation des payements, la situation de chacun des créanciers dans ses rapports avec la masse, est définitivement fixée : tout avantage obtenu par l'un d'eux postérieurement est illégal, tout payement qui dépasse le dividende auquel son droit se restreint est excessif.

d) Une autre conséquence produite par le jugement déclaratif, et singulièrement propre à assurer le maintien de l'égalité, c'est la suspension des poursuites individuelles auxquelles se substitue une poursuite collective, une procédure d'ensemble dirigée par un mandataire commun appelé syndic, et à laquelle sont reliés tous ceux auxquels il est dû quelque chose. La loi prend en main l'intérêt de tous les créanciers : elle se substitue à ceux qui, plus diligents que les autres, veulent contraindre le débiteur à remplir ses engagements, et le bénéfice des actions et des poursuites exercées par le syndic au nom de la masse appartiendra indistinctement à tous, ce qui écarte complétement le privilége illégitime résultant, en certains cas, dans la déconfiture, de la priorité des poursuites ou de la date des créances.

e) Enfin, en ce qui concerne la distribution des deniers, il n'y a plus à craindre ces surprises qui, dans la déconfiture, sacrifient certains créanciers à d'autres plus vigilants, plus empressés ou seulement plus voisins du débiteur. — On ne procédera à aucune distribution sans avoir appelé tous les créanciers par lettres individuelles, à faire valoir leurs droits (art. 492). Au cas de faillite, les créanciers seront, en effet, connus d'avance par le bilan que le failli doit déposer, ou que le syndic doit établir à son défaut, au moyen des livres et des papiers du failli (art. 438, 439, 476, C. com.). Sans doute, il est possible à la rigueur que, malgré toutes ces précautions, quelques créanciers demeurent inconnus; mais les insertions dans les journaux prescrites par l'art. 492, et la publicité attachée à la faillite leur permettront difficilement d'ignorer la situation du débiteur, d'autant plus que les délais sont considérablement augmentés à raison des distances.

Ici donc l'égalité n'est pas un vain mot : la loi la protége de la manière la plus efficace contre les causes d'inégalité que nous avons signalées dans la déconfiture, et au moyen de dispositions simples qui nous semblent être le corollaire naturel et la sanction nécessaire de l'art. 2093.

§ 2. — *Mesures destinées à assurer l'intégrité du gage contre les actes du débiteur.*

I. — Nous avons vu que les non-commerçants peuvent mettre leur gage à l'abri des actes de disposition de leur débiteur, en recourant aux saisies, mais nous avons en même temps signalé l'insuffisance de cette mesure qui ne crée pas une indisponibilité complète, et qui se restreint à la prohibition de l'aliénation directe, laissant au saisi le pouvoir de grever ses biens de droits réels, de les affecter au gage de nouveaux créanciers, même hypothécairement.

Quant à l'action paulienne destinée à opérer la reconstitution du gage diminué par certains actes du débiteur, elle sera presque toujours impuissante à les protéger, parce qu'elle exige une preuve difficile, celle d'une double fraude, puis parce que n'étant pas fondée sur une indisponibilité véritable du patrimoine, elle ne fait naître au profit du créancier qu'un recours personnel contre le tiers acquéreur, sans droit de suite contre les sous-acquéreurs.

L'impuissance des créanciers à se prémunir contre la mauvaise foi de leur débiteur se manifestera particulièrement à l'occasion d'une fraude à laquelle l'insolvable sera fréquemment tenté de recourir : je veux parler des avantages que le mari peut faire à sa femme afin de soustraire une partie de son actif aux poursuites de ses créanciers. — C'est ainsi que le débiteur peut permettre à sa femme de prélever comme lui étant propres, des meubles communs, peut-être achetés avec l'argent des créanciers. La preuve de la propriété de la femme peut, en effet, être faite par tous moyens, même par commune renommée (art. 1415 et 1504, C. civ.). Il est incontestable que la loi s'est montrée trop facile pour la preuve de la propriété : s'il en devait être ainsi contre le mari qui est en faute de ne pas avoir fait inventaire, il n'en devait plus être de même contre ses créanciers lorsqu'ils se trouvent en concours avec la femme. — Il en est de même encore pour les reprises que la femme, de concert avec son mari, voudrait exercer indûment à raison de dettes qu'elle prétendrait avoir payées pour son mari, et qui ne l'auraient été réellement qu'avec l'argent de son mari : les créances de la femme n'ont pas en effet besoin d'être prouvées par des actes ayant date certaine : elles peuvent l'être par tous moyens possibles (art. 1415 et

1504, C. civ.), et même par la présomption de l'art. 1569, sous le régime dotal.

En présence de la difficulté pour les créanciers de prouver le mal fondé de ces prétentions et de ces allégations, ne peut-on pas dire que la loi civile les abandonne sans défense à la merci des époux? Et comme pour consacrer le succès de ces fraudes, en assurant le recours de la femme à raison de reprises *qui ne lui sont pas dues*, n'est-il pas exorbitant qu'on lui permette d'invoquer son hypothèque légale à l'encontre des autres créanciers, sur des biens *qui ont été achetés avec leur propre argent!*

II. — Dans la faillite, le dessaisissement du débiteur assure d'une manière énergique l'intégrité du gage commun en frappant son patrimoine d'une sorte d'indisponibilité à l'égard de la masse. Peu importera désormais la bonne ou la mauvaise foi du failli; peu importera que le tiers ait ou non connu la situation du débiteur. La nullité qui frappe les actes postérieurs au jugement est, en effet, la conséquence de l'incapacité qui, à l'égard des créanciers, frappe le failli. Ainsi, le jugement déclaratif fixe définitivement la consistance du patrimoine et la situation respective de chacun des créanciers à l'encontre des actes du failli, qui ne peut plus diminuer son actif par des aliénations, ni augmenter son passif en contractant de nouvelles obligations exécutoires sur ses biens devenus indisponibles. Bien plus, non-seulement ce dessaisissement empêche le failli de constituer valablement des hypothèques au profit de l'un de ses créanciers, mais les hypothèques valablement consenties antérieurement ne peuvent plus être inscrites (art. 446, C. com.).

Quant aux actes antérieurs au jugement, soit qu'ils aient été faits depuis la cessation des payements, soit qu'ils l'aient été dans les derniers jours qui l'ont précédée, il peut y avoir lieu de les réviser. Il est, en effet, à craindre que, pendant cette période, le débiteur ne se soit livré à des opérations irrégulières, soit pour retarder sa mise en faillite, soit pour soustraire à l'action de ses créanciers une partie de son actif. La loi a débarrassé l'exercice du droit des créanciers des entraves qui pouvaient le compromettre. Les nullités qu'elle édicte sont plus rigoureuses, c'est-à-dire plus faciles à obtenir que d'après le droit commun. C'est ainsi qu'à l'égard des actes entachés de libéralité, elle établit une présomption absolue de fraude, et les déclare nuls et sans effet à l'égard de la masse (art. 446). — Quant aux actes à titre onéreux, elle a dû s'arrêter devant la bonne foi des tiers qui pouvaient ignorer la situation du débiteur; mais ici encore elle a facilité l'exercice de l'action révocatoire qui n'exige plus la fraude du débiteur. Enfin, la loi des faillites a prévu et réprimé les fraudes concertées à la faveur des conventions matrimoniales entre le failli et sa femme. Au lieu d'abandonner les créanciers aux hasards de la preuve par témoins et par commune renommée, qui lui a semblé à bon droit suspecte, elle a obligé la femme à prouver, par des moyens plus rigoureux, le bien fondé de ses prétentions et l'étendue de ses droits à l'encontre de la masse. — C'est ainsi que la femme ne pourra revendiquer le mobilier à elle appartenant qu'à la charge de prouver, par acte authentique, l'origine de ce mobilier. La présomption légale est que ces biens appartiennent à son mari, ont été payés de ses deniers et doivent être réunis à la masse de son actif (art. 559 et 560). Il en est de même des reprises qu'elle voudrait exercer à raison de dettes qu'elle aurait payées pour son mari. La loi lui refuse toute action de ce chef contre la masse, si elle ne prouve directement qu'elle a payé ces dettes de ses propres deniers.

De plus, « lorsque le mari sera commerçant au moment » de la célébration du mariage, ou lorsque, n'ayant pas » alors de profession déterminée, il sera devenu commer- » çant dans l'année, les immeubles qui lui appartiendraient » à l'époque de la célébration du mariage, ou qui lui se- » raient advenus depuis soit par succession, soit par dona- » tion entre-vifs ou testamentaire, seront seuls soumis à » l'hypothèque de la femme : 1° pour les deniers et effets » mobiliers qu'elle aura apportés en dot, ou qui lui seront » advenus depuis le mariage par succession ou donation » entre-vifs ou testamentaire, ou dont elle prouvera la » délivrance et le payement par acte ayant date certaine; » 2° pour le remploi de ses biens aliénés pendant le ma- » riage; 3° pour l'indemnité des dettes par elle contractées » avec son mari » (art. 563). Ainsi, restriction de l'assiette de l'hypothèque à laquelle la loi soustrait les immeubles acquis à titre onéreux depuis le mariage, présumant qu'ils l'ont été avec les deniers des créanciers; restriction quant aux créances garanties par l'hypothèque qui ne couvre que les créances établies par des actes ayant date certaine.

Enfin, pour prévenir les fraudes préparées d'avance par les époux dans leur contrat de mariage, l'art. 564 décide que « la femme dont le mari était commerçant à l'époque » de la célébration du mariage, ou dont le mari, n'ayant » pas alors d'autre profession déterminée, sera devenu » commerçant dans l'année qui suivra cette célébration, ne » pourra exercer dans la faillite aucune action, à raison des » avantages portés au contrat de mariage, et dans ce cas, » les créanciers ne pourront, de leur côté, se prévaloir des

» avantages faits par la femme au mari dans ce même
» contrat. »

On voit donc qu'au cas de faillite la loi n'a pas reculé devant les mesures les plus énergiques pour assurer plus efficacement l'intégrité du gage commun. A la présomption de bonne foi elle a substitué, par une disposition hardie, la présomption de fraude, sans que cette disposition rigoureuse puisse compromettre sérieusement les droits des tiers. En effet, cette présomption de fraude, trop souvent justifiée par la réalité, est renfermée dans des limites raisonnables et admet la preuve contraire, sauf dans certains cas où la nature de l'acte, sa gratuité, la connaissance exacte chez le tiers de la situation du débiteur, ou son imprudence grave, élèvent la probabilité à un degré qui équivaut, pour ainsi dire, à la certitude.

§ 3. — *Rapidité et économie de la procédure.*

Tous les frais que nécessite la liquidation d'un patrimoine insolvable diminuent d'autant le dividende auquel se réduit le droit des créanciers : les retards qu'elle entraîne ne leur nuisent pas moins en leur faisant attendre un payement dont ils ont peut-être un pressant besoin. La procédure de liquidation devait donc tendre à marcher au but *vite, sûrement, économiquement*. Or, si nous comparons à ce point de vue la théorie de la faillite et celle de la déconfiture, nous rencontrons encore une supériorité manifeste de la première.

Au lieu de ces nombreuses poursuites isolées qui, au cas de déconfiture, se croisent et s'embarrassent sur les mêmes biens, entraînant avec elles des frais considérables au profit des huissiers dont les honoraires finissent par absorber la plus grande partie de l'actif, au lieu de ces incidents de toutes sortes qui, en compliquant la procédure, viennent reculer indéfiniment la solution, nous trouvons dans la faillite l'ordre et l'harmonie : une action unique substituée aux actions individuelles simplifie la procédure, l'accélère en la débarrassant des obstacles que pourrait y apporter le conflit des intérêts opposés, et diminue les frais dans une proportion considérable, faisant ainsi droit à la légitime impatience des créanciers d'arriver à une solution, et leur assurant les débris de la fortune de leur débiteur.

§ 4. — *Étendue du privilége du bailleur.*

Avant de terminer l'étude comparée de ces deux régimes, au point de vue de l'intérêt des créanciers, c'est-à-dire des mesures destinées à rendre la ruine du débiteur moins désastreuse à leur égard, nous devons mentionner, dans un ordre d'idées plus spécial, la disposition par laquelle la loi a restreint, en matière de faillite, un privilége exorbitant dont l'étendue portait le plus grave préjudice à la masse : nous voulons parler de la loi du *12 février 1872, sur le privilége du bailleur.*

D'après le droit commun consacré par l'art. 2102 du Code civil, la créance privilégiée du bailleur comprend, lorsque le bail a date certaine, les loyers échus et les loyers à échoir. Ces créances successives devenant exigibles au cas de faillite ou de déconfiture du preneur (art. 1180), le bailleur a le droit de réclamer le payement immédiat, et sans aucune déduction pour escompte, de tous ces loyers, dont le montant réuni peut s'élever à un chiffre considérable et absorber la totalité de l'actif grevé de son privilége, rendant ainsi illusoire le droit de la masse. Or, si cette solution est une conséquence logique des principes, comme nous le croyons, il faut du moins convenir qu'elle amène un résultat aussi inique que désastreux pour les créanciers chirographaires, en permettant au bailleur de s'enrichir par la ruine de son débiteur et à leurs dépens.

Devant les réclamations soulevées de toutes parts par cet état de choses, le législateur de 1872 a, par une sorte de transaction, concilié de la manière la plus équitable, les droits du bailleur et ceux de la masse, et écarté, en matière de faillite, cet effet scandaleux du privilége qui faisait d'un désastre général, une cause d'enrichissement particulier.

En effet, la loi du 12 février 1872 restreignant l'application de l'exigibilité anticipée au cas en vue duquel elle a été spécialement édictée, c'est-à-dire au cas de destruction du gage, refuse au bailleur le droit de réclamer le payement des loyers à échoir si les créanciers s'engagent à continuer le bail et à maintenir les sûretés données par le contrat, ou si celles qui sont fournies depuis la faillite sont jugées suffisantes (art. 1er, 2°).

Si au contraire les lieux loués sont dégarnis, c'est-à-dire si les créanciers, renonçant à continuer le bail, détruisent les sûretés du bailleur en vendant les objets soumis à son privilége, la loi lui restitue le droit d'invoquer la déchéance du terme; mais elle limite son privilége à une année dans l'avenir, sauf au bailleur le droit de réclamer la résolution du contrat pour inexécution des obligations du preneur. C'est là une dérogation aux principes juridiques, introduite dans un but d'équité, pour empêcher la masse d'être victime de priviléges trop étendus.

Il en est de même de la disposition par laquelle le premier alinéa de l'art. 1er de cette même loi limite le privilége, dans le passé, aux loyers de deux années échues : « Il ne fallait pas, dit le rapporteur, que les créanciers fussent victimes d'un privilége trop étendu, s'appliquant à une créance qu'ils supposaient éteinte. » Cette restriction nouvelle constitue donc une sorte de peine pour le bailleur qui, par faiblesse ou négligence, laisse s'accumuler indéfiniment les loyers impayés.

La loi du 12 février est exclusivement applicable à la faillite : c'est ce qui résulte des déclarations expresses du rapporteur et des termes si formels de l'art. 550, qui débute ainsi : « L'art. 2102 du Code civil est ainsi modifié *à l'égard de la faillite.* » Les règles de la déconfiture restent donc entières. Et cependant si le législateur a cru devoir, en matière de faillite, répudier le droit commun sur ce point, si le privilége du bailleur, tel qu'il résultait de l'art. 2102, lui a paru à bon droit odieux et exorbitant, le même résultat ne se produit-il pas au cas de déconfiture, et ne peut-on pas encore ici reprocher à la loi une indifférence injustifiable à l'égard des non-commerçants?

Nous nous contenterons de signaler, dans le même ordre d'idées, la disposition de l'art. 550 du Code de commerce, qui refuse au vendeur de meubles, en cas de faillite de son débiteur, le privilége établi par le n° 4 de l'art. 2102 du Code civil. On a voulu empêcher que les créanciers ne voient disparaître les valeurs mobilières dont l'existence en la possession du débiteur avait contribué à faire naître leur confiance en sa solvabilité.

§ 5. — *Intérêt de l'insolvable.*

Si, nous plaçant à un point de vue tout différent, nous recherchons les mesures de protection établies en faveur de l'insolvable et les secours qui lui sont accordés dans son malheur, les deux législations se présentent à nous avec des différences non moins frappantes.

Quelque grave que soit, en effet, l'intérêt qui s'attache à la stricte exécution des conventions, quelque garantie que réclament les droits des créanciers, une considération d'un ordre supérieur, un intérêt d'humanité appelait la sollicitude du législateur sur la situation du débiteur : il fallait le protéger contre l'avidité impitoyable des créanciers et contre les ressentiments qui pouvaient les entraîner à user à son égard de toute la rigueur de leurs droits.

I. — Or, si nous considérons les restrictions apportées aux droits des créanciers en matière de déconfiture, nous voyons que la loi s'est montrée d'une rigueur excessive à l'égard du débiteur, en l'abandonnant à la discrétion de ses créanciers et en ne lui réservant pas les choses essentielles à la vie : c'est ainsi que les instruments de travail, les ustensiles les plus indispensables, ses habits, les denrées nécessaires pour assurer sa subsistance en attendant qu'il puisse trouver à gagner sa vie, peuvent être saisis pour certaines créances : la loi, en effet, n'excepte d'une manière absolue de la saisie que « le coucher nécessaire des saisis, ceux de leurs enfants vivant avec eux, les habits dont ils sont vêtus et couverts. » (Art. 592 et 593, C. pr.)

Bien plus, si certains créanciers, touchés de son infortune, consentaient à lui laisser à titre de secours une partie de son actif, leur générosité ne profiterait qu'aux créanciers plus avides qui n'étant pas liés par cet acte pourraient de nouveau poursuivre le débiteur sur les biens qui lui ont été ainsi laissés.

Cet état de choses est d'autant plus fâcheux, qu'il pèse uniquement sur les débiteurs honnêtes et malheureux qui n'ont pas eu l'habileté de mettre une partie de leurs biens à l'abri de l'action de leurs créanciers, au moyen de quelqu'une de ces fraudes devant lesquelles la loi civile reste impuissante et désarmée.

II. — Ici encore, nous rencontrons dans la faillite, une supériorité incontestable sur la déconfiture, une protection plus complète assurée au débiteur.

C'est ainsi que l'art. 469 du Code de commerce, plus large que l'art. 592 du Code de procédure, permet au failli de se faire réserver non-seulement le coucher nécessaire, mais tous autres meubles nécessaires à lui-même et à sa famille, et tous vêtements et hardes nécessaires aux mêmes personnes, même si elles n'en sont pas actuellement vêtues. Il pourra même être admis à travailler, moyennant salaire, aux opérations de la faillite (art. 488, C. com.).

De plus, afin de pourvoir aux besoins les plus urgents, pour lui permettre de payer ses fournisseurs qui refusent de lui faire crédit, l'art. 474 permet au juge commissaire, sur la proposition des syndics, de lui attribuer provisoirement, et pendant la procédure préparatoire, des secours alimentaires pris sur l'actif de la faillite, et sans qu'il soit besoin de consulter les créanciers. — Et si plus tard tout arrangement est refusé, si la liquidation de son patrimoine est poursuivie, la loi ne le laisse pas à la merci de chacun des créanciers; elle permet à une majorité sage et humaine d'imposer silence aux rancunes de quelques individualités trop passionnées, et d'accorder au failli, à titre de secours, une somme sur l'actif de la faillite (art. 530, C. com.).

Dans le même ordre d'idées, nous trouvons organisée, en matière de faillite, une institution éminemment avantageuse au débiteur, et toute spéciale au commerce : c'est le *concordat*, ou le privilége accordé au failli par l'art. 507, d'imposer à ses créanciers récalcitrants les avantages, termes ou remises qui lui ont été consentis par d'autres, si ceux-ci se trouvent réunir certaines conditions de majorité énumérées dans la loi. C'est là une disposition particulièrement favorable au débiteur, à qui elle offre le moyen de se relever en le laissant à la tête de ses affaires, en même temps qu'elle ne cause aucun préjudice à la masse ; car il est évident que la majorité ne se déterminera à abandonner une partie de ses droits que si elle y trouve quelque avantage, et dans l'espoir d'obtenir un jour un payement plus complet.

Toutefois, si utile et si avantageuse que soit cette institution dans son principe, on ne saurait méconnaître qu'elle devient en pratique l'occasion de fraudes aussi nombreuses que difficiles à prévenir : ces concessions et ces remises ne sont, le plus souvent, que le prix d'arrangements clandestins passés avec certains créanciers qui n'ont consenti au concordat qu'en échange d'avantages secrets obtenus aux dépens de la masse. C'est ainsi que le concordat devient, dans l'application, une institution des plus désastreuses pour les créanciers honnêtes, et il serait difficile de l'étendre en matière civile, à moins qu'on ne la modifiât et qu'on ne la moralisât, en transportant au juge plus désintéressé et plus impartial le droit d'imposer ou de refuser cette transaction, suivant l'intérêt de la masse (1).

D'ailleurs, cette dérogation aux principes de notre droit ne se justifie d'une manière satisfaisante que par des raisons puisées dans la situation particulière du failli, et ce serait,

(1) V. Tailleur, *Rev. prat.*, t. XVI.

suivant nous, en fausser l'esprit, que de l'étendre à la déconfiture.

La faillite ne suppose pas nécessairement l'insolvabilité : il est possible que des arrangements, des délais permettent au failli de sortir à son honneur des difficultés d'une situation qui n'est peut-être due qu'à des embarras momentanés. — D'autre part, fût-il réellement insolvable, les chances du commerce sont si grandes, les bénéfices qu'il entraîne sont si considérables, qu'il est permis aux créanciers d'espérer de voir le failli se relever en continuant son négoce. — Mais peut-on en dire autant du déconfit qui est nécessairement au-dessous de ses affaires, et qui ne doit le plus souvent sa ruine qu'à ses prodigalités et à l'incapacité dont il a fait preuve dans la gestion de son patrimoine? Quel intérêt d'avenir peut engager les créanciers à traiter avec une personne à qui tout espoir de se relever est désormais ravi?

Ce n'est pas tout : la rapidité nécessitée par les opérations du commerce, la multiplicité des transactions, et la nature même du crédit commercial, ne permettent pas aux commerçants de prendre des sûretés particulières; les créanciers privilégiés ou hypothécaires seront donc nécessairement fort rares au cas de faillite; aussi a-t-on pu sans inconvénient les négliger, pour ne tenir compte que des créanciers chirographaires plus nombreux, et qui seuls sont intéressés dans la délibération relative au concordat. Il en est tout autrement en matière civile, où les créanciers importants auront presque toujours eu soin d'exiger des garanties spéciales : la masse chirographaire ne se composera que de créances modiques, ordinairement celles des fournisseurs, et ce serait augmenter inutilement les frais que d'exiger des assemblées de créanciers qui, dans ces conditions, ne pourraient jamais aboutir à un concordat.

§ 6. — *Mesures de répression contre les insolvables.*

Enfin, si nous recherchons les mesures prises dans l'intérêt de la moralité publique, soit pour flétrir la coupable imprudence de ceux qui, abusant de leur crédit, contractent des dettes auxquelles ils savent qu'ils ne pourront faire face, soit pour réprimer les fraudes commises par l'insolvable pour soustraire à ses créanciers tout ou partie de son patrimoine, nous rencontrons encore la même anomalie entre les deux législations.

Tandis que le failli, même irréprochable, se voit par le seul fait de l'inexécution de ses engagements soumis à des incapacités et à des indignités flétrissantes, tandis que de simples négligences le rendent passible des peines de la banqueroute simple, et que ses actes frauduleux le soumettent à des poursuites criminelles, en prévision desquelles l'art. 455 permet de s'assurer d'avance de sa personne, le non-commerçant, quelles qu'aient été les fautes et les prodigalités qui ont amené sa ruine, quelles qu'aient été même les fraudes par lui employées pour nuire à ses créanciers, trouve dans le silence du Code une impunité complète et véritablement scandaleuse. Or, cette inégalité de traitement, cette immunité absolue en face de rigueurs peut-être excessives, n'est-elle pas déplorable? L'immoralité de l'acte ne saurait évidemment varier avec la qualité de l'agent; et s'il était permis de distinguer en cette matière, ne semble-t-il pas que ce dût être en faveur du failli qui, exposé par la nature d'opérations nombreuses et complexes à tous les hasards de la vie commerciale, a pu succomber sous le poids des circonstances, plutôt qu'en faveur du non-commerçant qui ne doit, le plus souvent, sa ruine qu'à ses désordres?

Mais sans vouloir étendre des rigueurs qui par leur généralité nous semblent excessives, et se justifient à peine par les nécessités du commerce, il est du moins permis de regretter que la loi n'ait pas égalisé la situation de tous les insolvables à l'égard des faits qui constituent la banqueroute frauduleuse, et dont un non-commerçant peut se rendre coupable, aussi bien qu'un commerçant.

C'est ainsi que le débiteur, à la veille même d'être saisi, peut soustraire ses biens au gage de ses créanciers, par exemple, en les convertissant en valeurs insaisissables, telles que des rentes sur l'État, et afficher un luxe insultant aux yeux mêmes des créanciers qu'il a dépouillés; la loi ne fournit à ces derniers aucun moyen de réprimer ou de réparer ces sortes de fraudes. Avec la contrainte par corps a, en effet, disparu le seul moyen de répression qui permît aux créanciers de contraindre le débiteur à les désintéresser sur ses biens insaisissables.

La loi du 26 juillet 1873 a fait un pas dans cette voie en édictant des peines contre *quiconque, sachant qu'il est dans l'impossibilité absolue de payer, se sera fait servir des boissons ou des aliments qu'il aura consommés en tout ou en partie, dans des établissements à ce destinés* (art. 401, C. p.). Serait-ce être trop rigoureux que de souhaiter la généralisation de cette mesure à l'égard de tous ceux qui abusent de la confiance de ceux avec lesquels ils traitent, pour contracter des dettes qu'ils savent être dans l'impossibilité de payer?

POSITIONS

DROIT ROMAIN.

I. — L'*arbitrium* pouvait être exécuté *manu militari*, même à l'époque classique.

II. — L'action de la loi Aquilia se cumulait avec une action *rei persecutoria in id quod amplius*.

III. — Le pacte de constitut qui intervient après l'extinction d'une action temporaire est-il valable? — Il faut distinguer.

IV. — Les interdits quasi-possessoires, inutiles en matière de servitudes urbaines, existent-ils du moins pour les servitudes rustiques? — Oui, pour certaines de ces servitudes.

DROIT CIVIL.

I. — L'absent de retour n'est pas obligé de respecter les aliénations consenties par l'héritier apparent à un tiers acquéreur même de bonne foi.

II. — L'art. 337 du Code civil est applicable à la reconnaissance forcée, c'est-à-dire au cas où la filiation d'un enfant naturel, que l'un des époux avait eu avant son mariage, d'un autre que de son conjoint, est déclarée par un jugement pendant le mariage.

III. — La possession d'état, à elle seule, prouve la filiation naturelle, non-seulement à l'égard de la mère, mais encore à l'égard du père.

IV. — Le bénéfice d'inventaire ne rend pas exigibles contre la succession les créances à terme.

V. — Les art. 693 et 694 du Code civil qui ont trait à la destination du père de famille, prévoient deux hypothèses différentes et s'expliquent historiquement.

VI. — La renonciation des frères et sœurs du *de cujus* donne ouverture à la réserve au profit de ses ascendants.

VII. — Quand la femme accepte *ex intervallo* le remploi de ses propres, son acceptation rétroagit d'une manière absolue.

VIII. — Le droit de rétention existe chaque fois que se trouvent réunis la possession par le créancier d'une chose appartenant au débiteur, et le *debitum cum re junctum.*

IX. — Le cessionnaire en faveur duquel la femme a renoncé à son hypothèque légale, et auquel une hypothèque conventionnelle a été concédée peut-il se contenter de faire mention de la subrogation dans l'inscription de l'hypothèque conventionnelle? — Non.

X. — Les intérêts de la dot à restituer par le mari, après un jugement de séparation de corps et de biens, sont dus à partir du jour de la demande et non à partir de celui du jugement de séparation.

HISTOIRE DU DROIT.

L'origine des rentes foncières est exclusivement féodale; celle des rentes constituées se rattache au droit canonique.

DROIT COMMERCIAL.

La faillite ne peut résulter de la cessation des payements civils.

Le dessaisissement produit par la faillite ne modifie pas le principe de l'insaisissabilité des rentes sur l'État appartenant au failli.

PROCÉDURE CIVILE.

L'ordonnance du président portant permission d'assigner à bref délai, peut-elle être annulée par la Cour ou le tribunal? — Non.

LÉGISLATION CRIMINELLE.

La partie lésée, qui a saisi d'abord la juridiction criminelle, peut-elle l'abandonner pour revenir devant la juridiction civile? — Oui.

DROIT INTERNATIONAL.

Le droit de visite n'est pas admis en temps de paix.

LÉGISLATION INDUSTRIELLE.

La cession d'un brevet d'invention soumet l'inventeur aux mêmes obligations de garantie que la cession ordinaire. Cette cession ne constitue pas une opération aléatoire.

ÉCONOMIE POLITIQUE.

Le taux de l'intérêt doit être libre.

DROIT ADMINISTRATIF.

Un ecclésiastique peut-il être traduit devant les tribunaux, sans autorisation du conseil d'État, pour un délit commis dans l'exercice de ses fonctions? — Oui.

ERNEST ALLAIN.

Vu pour l'impression :
Le Doyen,
ED. BODIN.

Vu :
Le Recteur :
J. JARRY.

TABLE DES MATIÈRES

Typ. Oberthür et fils, à Rennes, imprimeurs de l'Académie.

www.ingramcontent.com/pod-product-compliance
Ingram Content Group UK Ltd.
Pitfield, Milton Keynes, MK11 3LW, UK
UKHW012227240726
13966UKWH00003B/994

9 782011 947062